Optimal vorbereitet auf die Ausbildungsprüfung
Bankkaufmann/Bankkauffrau:

Bankrecht für Auszubildende
Recht der Kreditwirtschaft, Bürgerliches Recht, Wirtschaftsrecht
ISBN 978-3-8029-5119-0

Heinz Rotermund
Prüfungstraining Bankkauffrau/Bankkaufmann
Situationsaufgaben und prüfungsnahe Aufgaben zur Bankwirtschaft
Mit Lösungen
ISBN 978-3-8029-5316-3

Heinz Rotermund
Die Neue Bankbetriebslehre
Arbeits- und Lösungsblätter
für Unterricht und Ausbildung
ISBN 978-3-8029-5188-6

HGB, GmbHG, AktG
Wirtschaftsgesetze kompakt
Mit den schuldrechtlichen Regelungen des BGB
ISBN 978-3-8029-1960-2

Wir freuen uns über Ihr Interesse an diesem Buch. Gerne stellen wir Ihnen zusätzliche Informationen zu diesem Programmsegment zur Verfügung.

Bitte sprechen Sie uns an:
E-Mail: WALHALLA@WALHALLA.de
www.WALHALLA.de

Walhalla Fachverlag · Haus an der Eisernen Brücke · 93042 Regensburg
Telefon (0941) 56 84-0 · Telefax (09 41) 56 84-1 11

Heinz Rotermund · Andrea Schubert

Bankkaufmann/Bankkauffrau:

Fit für die mündliche Prüfung

Praxisbezogene Fälle zur Kundenberatung

8., aktualisierte Auflage

Bibliografische Information Der Deutschen Nationalbibliothek
Die Deutsche Nationalbibliothek verzeichnet diese Publikation in der Deutschen Nationalbibliografie;
detaillierte bibliografische Daten sind im Internet über http://dnb.dnb.de abrufbar.

Zitiervorschlag:
Heinz Rotermund/Andrea Schubert, Bankkaufmann/Bankkauffrau: Fit für die mündliche Prüfung
Walhalla Fachverlag, Regensburg 2013

Hinweis: Unsere Ratgeber sind stets bemüht, Sie nach bestem Wissen zu informieren.
Die vorliegende Ausgabe beruht auf dem Stand von März 2013.

8., aktualisierte Auflage

© Walhalla u. Praetoria Verlag GmbH & Co. KG, Regensburg
Alle Rechte, insbesondere das Recht der Vervielfältigung und Verbreitung
sowie der Übersetzung, vorbehalten. Kein Teil des Werkes darf in irgendeiner Form
(durch Fotokopie, Datenübertragung oder ein anderes Verfahren) ohne schriftliche
Genehmigung des Verlages reproduziert oder unter Verwendung elektronischer
Systeme gespeichert, verarbeitet, vervielfältigt oder verbreitet werden.
Produktion: Walhalla Fachverlag, 93042 Regensburg
Umschlaggestaltung: grubergrafik, Augsburg
Druck und Bindung: Westermann Druck Zwickau GmbH
Printed in Germany
ISBN 978-3-8029-5317-0

Schnellübersicht

	Seite	
Ihr Weg zum Prüfungserfolg	7	I
Informationen und Tipps zur Prüfung	11	
Beratungssituationen und Lösungsvorschläge Ehepaar Dotterweich	23	II
Rentnerin Elfriede Ehrenreich	39	III
Angestellter Georg Geiger	65	IV
Musikverein Obertrubach e.V.	87	V
Elisabeth Friesner, 17 Jahre alt	97	VI
Natur & Büro GmbH	121	VII
Geschäftsführer Joachim Friesner	137	VIII
Unternehmerin Monika Micklin	163	IX
Abkürzungen	190	X
Stichwortverzeichnis	191	

Ihr Weg zum Prüfungserfolg

Wer sich ein Lehrbuch kauft, handelt kaufmännisch, weil er eine Kosten-Nutzen-Analyse vornimmt.

Mit „Fit für die mündliche Prüfung" erreichen Sie Ihr Ziel. Hauptnutzen des Trainingsbuches ist die optimale Vorbereitung auf die praktische Prüfung Bankkauffrau und Bankkaufmann. Zudem können Sie die Fälle auch zum handlungsorientierten Erarbeiten des Stoffes im Prüfungsfach Bankwirtschaft und zur Wiederholung von Inhalten, etwa für Schulaufgaben, einsetzen.

Dieses Trainingsbuch macht es leichter die Prüfungsanforderungen zu erfüllen

30 ausgewählte Beratungssituationen decken den gesamten Bereich der Bankwirtschaft ab. Dabei sind Sie Mitarbeiter der AZUBI-Bank. Das ist Ihr Ausbildungsbetrieb. Folglich setzen Sie die Formulare, Prospekte, Unterlagen Ihrer Ausbildungsbank ein.

Den Nutzen dieses Buches macht der kundenorientierte Aufbau aus. Wie in der täglichen Praxis entwickeln sich Kundenbeziehungen:

- So ordnet die Rentnerin Elfriede Ehrenreich ihre Finanzen, schließt Verträge zugunsten ihrer Enkelkinder ab, wird nach einer Schenkelhalsoperation von ihrer Tochter betreut und verstirbt am Ende bedauerlicherweise.

- Die Natur & Büro GmbH eröffnet bei unserer Bank ein Konto, nimmt einen Kredit auf und lässt sich zum Thema „Dokumentäre Zahlungen im Außenhandel" informieren. Da der Geschäftsführer Joachim Friesner mit der Kontoführung der GmbH sehr zufrieden ist, eröffnet er logischerweise auch ein Privatkonto bei der AZUBI-Bank. Nach der Heirat werden aus Einzelkonten Gemeinschaftskonten; als dann ein Kind zur Welt kommt, soll natürlich auch ein Haus gebaut werden.

- Selbstverständlich entwickeln sich die Kontenspiegel, werden Wertpapiere gekauft oder Kredite aufgenommen – wie es bei der nächsten Beratung zu sehen sein wird.

Ihr Weg zum Prüfungserfolg

Indem Sie immer mehr Informationen über Ihre Kunden gewinnen, wird es von Fall zu Fall leichter, den jeweils geeigneten Einstieg in die Beratung zu finden. Derartiges Hintergrundwissen bietet sich für einen ungezwungenen Gesprächseinstieg an, wenn Dotterweichs demnächst Gelder für ihre Kinder anlegen wollen.

Da Sie die Kunden mit ihren Kontenspiegeln kennen, fällt es Ihnen auch leichter, Anschlussgeschäfte anzubieten. Aus der Kontobeobachtung ergibt es sich, dass Sie der Unternehmerin Monika Micklin ein Beratungsgespräch zur steuerbegünstigten Anlage anbieten.

Zu den Lösungshinweisen

Zu allen Fällen haben wir Lösungshinweise entwickelt. Diese sind untergliedert in

- „Was sollten Sie beim Gespräch beachten?"
- „Welche fachlichen Inhalte können von Ihnen erwartet werden?"

Damit bietet Ihnen unser Trainingsbuch „Fit für die mündliche Prüfung" nicht nur eine Aufzählung der fachlichen Inhalte an, sondern gibt Ihnen viele Tipps zum Aufbau Ihres Beratungsgesprächs.

Hierzu einige Beispiele:

- Freuen Sie sich mit der Patentante, die Kinder liebt; fragen Sie nach dem Befinden von Mutter und Kind sowie nach den Daten des Patenkindes.

  Daraus ergeben sich neue Informationen, die Ihnen helfen, weitere Bank-/Anlageprodukte nutzenorientiert vorzustellen.

- Halten Sie Ihre Aufzeichnungen und Ihre etwaigen Prospekte bereit. Denken Sie daran, dass Frau Dotterweich ihrem Mann möglicherweise Informationen mit nach Hause nehmen möchte. Bereiten Sie sich darauf vor.

- Beziehen Sie immer alle Gesprächspartner in das Gespräch ein.

  Lassen Sie nicht den Eindruck aufkommen, Ihr Gesprächspartner sei nur Frau Dotterweich.

Ihr Weg zum Prüfungserfolg

- Da es sich beim Musikverein Obertrubach e. V. um einen Neukunden handelt, nutzen Sie die Möglichkeit, im Gespräch Informationen über den Verein zu sammeln. Sollten Sie selbst ein Instrument spielen, bringen Sie das in das Gespräch ein.

  Fragen Sie auch nach den Aktivitäten des Vereins: Auftritte, Veranstaltungen usw. Auch daraus könnten sich geschäftliche Anknüpfungspunkte ergeben.

Parallel zu den Gesprächstipps erhalten Sie die nötigen fachlichen Hinweise. Auch hierzu einige Beispiele:

- Bisher war das Anlageverhalten der Eheleute Geiger von großer Sicherheit geprägt. Der Schritt zu Aktien und damit zu einer risikobewussten Anlage erscheint zu groß. Empfehlen Sie den Eheleuten deshalb zuerst Anlageformen im festverzinslichen Bereich, etwa Rentenfonds.

- Geben Sie ihnen die für sie wichtigen Informationen und denken Sie an mögliche Zusatzangebote. Berücksichtigen Sie auch die Kinder Michael und Sonja Dotterweich.

- Verwenden Sie bei Kreditanfragen stets die gültigen Kreditkonditionen Ihrer Bank. Gehen Sie bei der Laufzeit vom Abschreibungszeitraum, etwa des LKW, aus. Grundsätzlich können Sie ein Annuitäten- oder ein Abzahlungsdarlehen anbieten.

Das sind nur einige Appetithäppchen. Wollen Sie Ihre Neugierde stillen? Nichts leichter als das. Die Eheleute Dotterweich warten schon auf Sie.

Uns hat das Erarbeiten der Fälle sehr viel Spaß gemacht. Jetzt hoffen wir, dass sie Ihnen zum Prüfungserfolg verhelfen. Viel Glück.

Andrea Schubert
Heinz Rotermund

P.S. Einen ganz persönlichen Tipp für Ihren Prüfungstag finden Sie auf Seite 189.

Informationen und Tipps zur Prüfung

1. Wissenswertes zur Prüfung 12
   Beratungskompetenz ist gefragt 12
   Organisation und Ablauf 15
2. Verkäuferische Tipps zum Anfang 17
   Die Vorbereitungszeit 17
   Das verkäuferische Verhalten 19

Informationen und Tipps zur Prüfung

1. Wissenswertes zur Prüfung

Ihre Prüfung besteht insgesamt aus den schriftlichen Prüfungsgebieten „Bankwirtschaft", „Rechnungswesen und Steuerung" und „Wirtschafts- und Sozialkunde" und aus der praktischen Prüfung „Kundenberatung". Die Teile „Bankwirtschaft" und „Kundenberatung" zählen bei der Gesamtnotenbildung doppelt. Sie sehen also, Ihre mündliche Prüfung hat eine hohe Gewichtung.

Beratungskompetenz ist gefragt

Sie sollen im Prüfungsfach „Kundenberatung" zeigen, dass Sie in der Lage sind:

- Beratungsgespräche selbstständig zu planen, durchzuführen und zu kontrollieren
- Kundengespräche systematisch und situationsbezogen zu führen
- über Konditionen und Anlageformen/Bankdienstleistungen nutzenorientiert zu informieren
- Produkte/Bankdienstleistungen dem Kunden nach vorheriger Bedarfsermittlung kundenorientiert anzubieten
- Cross-Selling-Ansätze im Beratungsgespräch zu erkennen und gezielt zu nutzen
- den Kunden entsprechend seiner jeweiligen Lebensphase zu betreuen

Es soll keine Theorie geprüft werden. Vielmehr ist die praktische Ausbildung und der handlungsorientierte Teil des Berufsschulunterrichts Gegenstand des Beratungsgesprächs.

Also: Im Mittelpunkt steht Ihre Kompetenz im kunden- und marktorientierten Handeln, denn die verkäuferischen Fähigkeiten werden als Kernqualifikation an Wichtigkeit dazugewinnen. Deshalb fließen die Gesprächskompetenz mit 60 % und die Fachkompetenz nur mit 40 % in das Gesamtergebnis ein.

Wissenswertes zur Prüfung

Um diesen Erfordernissen in der Prüfung gerecht zu werden, haben die Industrie- und Handelskammern eine Beobachtungs- und Bewertungshilfe erstellt. Inwieweit Ihre örtlichen Prüfungsausschüsse sich an diese Hilfe halten, beziehungsweise eigene Grundsätze erstellt haben, müssen Sie bei Ihren Lehrern und Ausbildern erfragen.

Beobachtungs- und Bewertungshilfe für Prüfungsausschüsse

Beratungskompetenz	Gewichtung 60 %

■ Auftreten/Erscheinungsbild
   – wirkte freundlich und sicher im Auftreten
   – wirkte gepflegt
■ Kommunikatives Verhalten
   – hörte aktiv zu
   – erläuterte Sachverhalte einfach und verständlich
   – drückte sich positiv aus
   – passte sich im Sprachverhalten dem Kunden an
   – steuerte das Gespräch situationsbezogen
   – förderte den Dialog mit dem Kunden
■ Kontaktverhalten
   – zeigte Interesse für den Kunden
   – baute Kontakt zum Kunden auf
   – schuf eine angenehme Gesprächsatmosphäre
   – setzte Kontakttechniken (z. B. Namensnennung, Blickkontakt, Gestik) gezielt ein	

Informationen und Tipps zur Prüfung

noch: Beobachtungs- und Bewertungshilfe für Prüfungsausschüsse

- Informationsverhalten
  - holte fallorientiert Informationen vom Kunden ein
  - machte sich Notizen
  - fasste relevante Daten für den Kunden zusammen
  - behielt den „roten Faden"
  - informierte Kunden fallbezogen
- Verkaufsverhalten
  - konnte passende Problemlösungen anbieten
  - nutzte Möglichkeiten zur Visualisierung
  - überzeugte den Kunden mit treffenden Argumenten
  - zeigte sich zielsicher im Abschluss
  - verhielt sich geschäftspolitisch sinnvoll
  - vermied Einwände beziehungsweise konnte sie entkräften
  - erkannte und nutzte weitere Verkaufschancen

Fachkompetenz	Gewichtung 40 %
Gesamtergebnis	

Organisation und Ablauf

Inhaltlich sollen die Fälle aus folgenden Bereichen stammen:
- Kontoführung und Zahlungsverkehr
- Geld- und Vermögensanlagen anbieten
- Kreditgeschäft

Ihnen werden zwei verschiedene Fälle vorgelegt, wobei Sie sich für einen der beiden entscheiden müssen.

> **Praxis-Tipp:**
> Nicht immer ist der leichtere Fall der bessere Fall. Bei komplexen Fällen können Sie das Gespräch besser steuern, weil die Prüfungszeit eng begrenzt ist und Sie dem Kunden viele Informationen geben können. Außerdem müssen Sie mit keinen überraschenden Zusatzfragen rechnen.
>
> Das Gespräch beim einfachen Fall ist schnell erledigt und womöglich fallen dem „Kunden" noch einige Fragen ein, mit denen Sie nicht gerechnet hatten. Oder aber ein zweites Thema muss ausführlicher vorbereitet bzw. ausgeführt werden. Dann heißt es: Die Chancen nutzen und das Beste aus dem scheinbar leichteren Fall machen.

Jetzt haben Sie 15 Minuten Zeit, den Fall zu bearbeiten. Sie werden an den Fällen in diesem Buch erkennen, worauf Sie achten sollten. Erkundigen Sie sich rechtzeitig, welche Hilfsmittel zugelassen sind. Können Sie Prospekte, Konditionstabellen, AGB, Gesetzestexte, Laptop, Checklisten, Formulare, Handelsblatt usw. verwenden? Wir haben festgestellt, der Einsatz von ganzen Formularordnern ist eher belastend als hilfreich. Außerdem werden in vielen Banken die Formulare direkt am PC ausgefüllt und das Ausdrucken leerer Formulare macht dort Schwierigkeiten. Deshalb wird bei uns schon mal ein leeres Blatt zur Unterschrift vorgelegt.

Und dann kommen die spannenden 20 Minuten, das Beratungsgespräch. Aber keine Angst. Wir hören häufig den Satz: „Das habe ich mir viel schlimmer vorgestellt". Das Problem an einer mündlichen Prüfung ist, dass man sich persönlich der Situation und dem

Informationen und Tipps zur Prüfung

Kunden stellen muss. Man kann nicht anonym bleiben, wie in dem schriftlichen Teil der Prüfung.

Bevor es dann aber richtig losgeht, stellt man noch zwei Fragen an Sie: „Sind Sie gesund? Haben Sie Vorbehalte gegen eine der anwesenden Personen?" Zu diesen Fragen ist die Kommission verpflichtet.

Die Kommission besteht aus drei Personen, dem Kunden und zwei Beobachtern. Eine vierte Person beaufsichtigt Ihre Vorbereitungsphase. Man wird versuchen, die Beobachter nicht zu nahe an den Beratungstisch zu setzen, damit Sie sich nur auf den Kunden konzentrieren können. Lassen Sie sich (eventuell schon im Vorfeld) den Namen des Kunden geben, damit Sie ihn immer persönlich ansprechen können. Unsere Prüfungsausschüsse haben sich darauf geeinigt, die wirklichen Namen der Prüfer in den Fällen zu verwenden. Die Fälle sind entsprechend vorbereitet.

Führen Sie jetzt ein Beratungsgespräch, wie Sie es aus der Praxis kennen und gewohnt sind.

> **Praxis-Tipp:**
> Jedes Mitglied der Kommission weiß um die Wichtigkeit der Prüfung. Natürlich werden Sie nervös sein. Es ist ein Prüfungsgespräch mit einem Prüfer, der den Kunden spielt. Sie werden sich deshalb auch nicht so verhalten wie im „richtigen Berufsleben". Das wird man auch nicht erwarten. Sie werden im Gespräch aber schnell alles außen herum vergessen und sich ganz auf Ihren Kunden konzentrieren. Wenn Sie das wissen, wird auch die Nervosität nicht mehr so groß sein.

Schnell sind die 20 Minuten um und die Prüfungskommission wird Sie vor die Tür bitten. Jetzt wird mithilfe des Beobachtungs- und Bewertungsbogens das Gespräch bewertet. Entscheidend in unseren Kommissionen ist immer der Eindruck des Kunden. War er zufrieden? Hat er sich gut beraten gefühlt? Fand er die Gesprächsatmosphäre angenehm? Würde er wiederkommen? Wichtig bleibt natürlich auch die Richtigkeit der fachlichen Inhalte. Kann ein Beratungsgespräch mit „ausreichend" (60 Punkte) bewertet werden, wenn die Inhalte falsch sind?

Ist die Note gebildet, werden Sie wieder hereingebeten. Und wenn Sie sich gut auf die Prüfung vorbereitet hatten, dann kann es nur lauten: „Frau / Herr ... Sie haben den Prüfungsteil und damit die gesamte Prüfung bestanden". Das wünschen wir Ihnen. Eine exakte Note darf Ihnen leider nicht mitgeteilt werden.

2. Verkäuferische Tipps zum Anfang

Wie der Name schon sagt, geht es in der mündlichen Prüfung um die Beratung eines Kunden, also um die tägliche Praxis einer/-s Bankkauffrau/-manns. Hier haben wir für Sie einige wichtige verkäuferische Tipps zusammengefasst, die Sie sowohl in der Vorbereitung als auch während der Prüfung unbedingt beachten sollten.

Die Vorbereitungszeit

In der Vorbereitungszeit haben Sie 15 Minuten Zeit, den Prüfungsfall vorzubereiten. Sie sollten wie folgt vorgehen:

- Lesen Sie sich in aller Ruhe die Kundensituation durch und überlegen Sie sich einen geeigneten Gesprächseinstieg.

- Was sind mögliche Kontaktthemen?

- Gibt es Auffälligkeiten im Kontospiegel? Fehlen Anlageformen? Werden Verträge fällig? Gibt es sonstige Hinweise auf Anlagen bei anderen Kreditinstituten?

- Haben Sie notwendiges Prospektmaterial zur Hand? Benötigen Sie eventuell einen Taschenrechner?

- Ist Ihr Beraterblock vorbereitet? (z. B. Name des Kunden, BASEL als Hilfestellung, Cross-Selling-Ecke)

Informationen und Tipps zur Prüfung

AZUBI-Bank AG	
	Name der Beraterin / des Beraters: ....
Name der Kundin / des Kunden:	Telefon: ....
B	
A	
S	
E	
L	
Cross-Selling-Ansatz (mögliche Anschlussgeschäfte):	

Verkäuferische Tipps zum Anfang

- Wo ist Ihr Namensschild und wo steckt die Visitenkarte, das Terminkärtchen?
- Brauchen Sie noch Informationen über den Fall beziehungsweise den Kunden? Dann fragen Sie die Aufsicht!
- Immer wenn es geht, machen Sie sich eine übersichtliche Aufstellung, erstellen Sie eine Grafik oder Skizze, fertigen Sie eine Modellberechnung an. Auf diese Hilfen werden Sie im Gespräch gern zurückgreifen. Denken Sie daran: „Ein Bild sagt oft mehr als 1000 Worte" und ein Betrag ist griffiger als nur ein Zinssatz.

Das verkäuferische Verhalten

Alles klar für die Vorbereitung? Im Folgenden nun einige Tipps zum verkäuferischen Verhalten im Beratungsgespräch.

Denken Sie während des Gesprächs nicht an die anderen Prüfer oder Ihre Note, konzentrieren Sie sich nur auf Ihren Kunden. Hören Sie vor allem aufmerksam zu und legen Sie sich im Vorfeld nicht auf eine bestimmte Anlageform fest. Ihr Kunde möchte von Ihnen individuell nach seinen Bedürfnissen und fachkompetent beraten werden.

Was heißt nun individuell nach seinen Bedürfnissen?

Nachdem Sie Ihren Kunden freundlich empfangen haben, ihm Platz und ein Getränk angeboten und sich gegebenenfalls vorgestellt haben, steigen Sie mit einem lockeren, nicht gekünstelten Smalltalk (Kontaktphase) in das Gespräch ein.

Eine weit offene Frage zu Beginn der Informationsphase (Bedarfsermittlung) ebnet Ihnen den Weg zu den Bedürfnissen Ihres Kunden. Ihr Kunde kann von seinen Vorstellungen und Wünschen erzählen. Sie machen sich Notizen (sagen Sie Ihrem Kunden, dass Sie sich Notizen machen, um nichts zu vergessen und ihm die richtige Anlageform anbieten zu können) und haben Zeit, sich gezielte Gedanken zu machen. Wenn Ihnen noch wichtige Informationen für Ihr Angebot fehlen, fragen Sie Ihren Kunden, bevor Sie von Vermutungen oder falschen Anlagezielen ausgehen.

Informationen und Tipps zur Prüfung

Kennen Sie „BASEL"?

Nein, nicht die Stadt in der Schweiz, sondern eine kleine Hilfe, die Ihnen im Bereich der Geld- und Vermögensanlage wertvolle Dienste leistet.

- **B** = Betrag
- **A** = Anlagedauer
- **S** = Sicherheit und steuerliche Aspekte
- **E** = Ertrag (Zinsen)
- **L** = Liquidität/Verfügbarkeit

Wenn Sie sich an diesen Stichwörtern orientieren, können Sie Ihrem Kunden ein ganz auf seine Bedürfnisse abgestimmtes Angebot unterbreiten. Zur Sicherheit fassen Sie alle Punkte nochmals zusammen und warten auf das „Ja" Ihres Kunden.

Und glauben Sie uns: Falls Sie einen Gesichtspunkt außer Acht lassen und „BASEL" nicht komplett prüfen, laufen Sie Gefahr, Ihrem Kunden eine nicht optimal passende Anlageform anzubieten!

Im Bereich Kredit ist eine Einnahmen- und Ausgabenrechnung, Selbstauskunft oder EK/FK-Aufstellung zur Klärung der Situation und Vedeutlichung der Informationen sehr praktisch und notwendig.

Haben Sie alles? Prima, dann geht es auf zum Verkaufen!

„Da habe ich genau das Richtige für Sie. Eine sichere Anlageform mit attraktivem Zinssatz und einer für Sie überschaubaren Laufzeit – unser Zuwachssparen."

So oder so ähnlich können Sie mit Ihren Verkaufsargumenten einsteigen. Zeigen Sie Ihrem Kunden die für ihn wichtigen Vorteile auf, untermauern Sie diese mit Verkaufsprospekten (in denen Sie sich auskennen sollten), visualisieren Sie eventuell mit eigenen Skizzen oder Aufzeichnungen, machen Sie Beispielrechnungen (eignen sich auch hervorragend zum Mitgeben). Aber denken Sie daran, solche verkaufsunterstützenden Maßnahmen gezielt und anschaulich einzusetzen – weniger ist oft mehr und: Formulieren Sie in Ihrer Vorteilsargumentation immer kundenorientiert.

Verkäuferische Tipps zum Anfang

Nennen Sie auch Nachteile der Anlageform, wenn es wichtig für Ihren Kunden ist. Sprechen Sie Gebühren offen an. Sie bieten Ihrem Kunden auch etwas dafür. Packen Sie die Nachteile zwischen Vorteile (Sandwichmethode), aber legen Sie keinen Schwerpunkt darauf.

Sie haben zugehört, offene Fragen gestellt, argumentiert, visualisiert – jetzt ist Zeit für Ihren Abschluss!

Erkennen Sie die Kaufsignale Ihres Kunden. Argumentieren Sie nicht zu viel. Zerreden Sie Ihr Produkt nicht. Lassen Sie sich von Einwänden nicht entmutigen. Nehmen Sie sie auf und klären Sie eventuell Fragen oder Probleme. Bleiben Sie vor allen Dingen aktiv, aber bedrängen Sie Ihren Kunden nicht. Fragen Sie Ihren Kunden z. B., ob ihm das so gefällt oder was er dazu sagt. Helfen Sie ihm bei der Entscheidungsfindung.

Sie haben nun das „Ja" Ihres Kunden zu der für ihn ausgewählten Anlageform oder zu einem fixierten Termin in nächster Zeit, eventuell auch mit dem Ehepartner oder den Eltern (Haben Sie Ihrem Kunden als Gedächtnisstütze Ihre Visitenkarte mitgegeben?) – herzlichen Glückwunsch!

Ganz geschafft haben Sie es aber noch nicht. Unser erklärtes Ziel heißt nicht nur verkaufen, sondern vor allem auch den Kunden binden. Gab es irgendeinen Cross-Selling-Ansatz (Ansatz für Anschlussgeschäfte) im Gespräch (Urlaubsreise, neues Auto, Hausbau, neue Arbeitsstelle, …) oder im Kontospiegel (fällige Verträge, fehlende Anlageformen Freistellungsauftrag, Anlage für Kinder, Vorsorge für das Alter)? Nehmen Sie eine Idee gezielt auf und sprechen Sie diese kurz an. Wecken Sie das Interesse bei Ihrem Kunden. Schlagen Sie Ihrem Kunden einen neuen Beratungstermin vor, bei dem Sie ihm ein individuelles Angebot unterbreiten. Ein Abschlusskontakt und ein Dank für das Gespräch fördern ebenfalls die Kundenbindung und runden eine angenehme Gesprächsatmosphäre ab.

Diese Tipps sollen für Sie ein roter Faden sein, das Beratungsgespräch kundenorientiert, konstruktiv und erfolgreich zu führen. Sie selbst geben jedem Gespräch seine individuelle Note. Seien Sie Sie selbst und gehen Sie Ihren Weg mit Ihrem Kunden – denn der Weg ist das Ziel.

Viel Erfolg!

Informationen und Tipps zur Prüfung

- **Vorvertragliche Informationen und Beratungsprotokolle:**
  Aus der Praxis wissen Sie, dass der Gesetzgeber zum Schutz der Kunden Vorschriften erlassen hat, die das Kundengespräch deutlich verlängern. Dies sind
  - der Beratungsbogen und das Beratungsprotokoll bei Anlageempfehlungen,
  - die vorvertraglichen Informationen bei Verbraucherkrediten und
  - die vorvertraglichen Informationen bei Zahlungsdiensterahmenverträgen (z. B. Girokontoeröffnung).

  Praktiker sagen, diese Informationen kosten Ihnen in Verkaufsgesprächen etwa 20 zusätzliche Minuten. Das wäre genau die Zeit für die praktischen Übungen. Aber was soll die Prüfungskommission bewerten, wenn Sie gesetzliche Vorgaben „abarbeiten"? Wo bleiben da die verkäuferischen Elemente?

  Deshalb ist es wichtig, dass Sie im Vorfeld mit Ihrer Lehrerin/Ihrem Lehrer, mit Ausbildern oder Prüfern sprechen und klären, wie Sie mit den gesetzlichen Vorgaben umgehen sollen.

  Vorvertragliche Informationen können ja schon gegeben sein, ein Protokoll kann man evtl. nachliefern oder ähnliche Erklärungen sind möglich. Sie sollten auf jeden Fall einen Hinweis geben, dass Sie um diese Vorschriften wissen.

  Wir wissen aus unseren Erfahrungen als Prüfer, dass viele Prüfungskommissionen so ähnlich arbeiten. Dieses Vorgehen muss aber auch kritisch gesehen werden, denn praktische Übungen verlieren so ihren Praxisbezug. Aber hier sind nicht Sie, sondern die zuständigen Stellen gefordert.

- **Hinweise zur ec-Karte:**
  ec-Karte = deutschlandweiter Einsatz (alter Name)
  girocard = Einsatz in SEPA-Ländern, also auch in Deutschland
  MaestroCard = weltweiter Einsatz

  Zusätzlich spricht man im Sparkassenbereich von der SparkassenCard und in den Genossenschaftsbanken von der VRCard.

  In diesen Unterlagen haben wir uns dafür entschieden, einheitlich den Begriff MaestroCard zu benutzen.

Beratungssituationen und Lösungsvorschläge

Ehepaar Dotterweich

II

1. Reisezahlungsmittel 24
2. Monatliches Sparen 29
3. Eröffnung von Konten für Minderjährige 33

1. Reisezahlungsmittel

Situation

Die Sommerferien stehen vor der Tür und Herr und Frau Dotterweich, langjährige Kunden Ihres Kreditinstituts, wollen zusammen mit ihren Kindern für vier Wochen nach Amerika fahren – das hat Frau Dotterweich Ihnen mitgeteilt, als sie den heutigen Termin vereinbart hat.

Frau Dotterweich kommt zu Ihnen an den Schalter und bittet Sie um eine umfassende Beratung über mögliche Reisezahlungsmittel. Aus Ihrer Erfahrung wissen Sie, dass dies der erste Urlaub dieser Art ist. Familie Dotterweich war auch noch nie in Übersee.

Geben Sie ihr die für sie wichtigen Informationen und denken Sie an mögliche Zusatzangebote. Berücksichtigen Sie auch die Kinder Sonja und Michael Dotterweich.

Persönliche Angaben: Familie Dotterweich	
Doris Dotterweich	geb. Ehrenreich 43 Jahre Krankenschwester in Teilzeit-Beschäftigung verheiratet
Winfried Dotterweich	45 Jahre Werkstattmeister verheiratet spielt Alt-Herren-Fußball
Michael Dotterweich	15 Jahre Realschüler spielt Fußball PC-Freak
Sonja Dotterweich	12 Jahre Gymnasiastin spielt Tennis

Reisezahlungsmittel

Kontospiegel: Doris und Winfried Dotterweich

Kto.-Nr.	Kontoart	Kontostand	Zins	Sonstiges
				Freistellungsauftrag: 1.602,00 EUR
810 578 578	Girokonto	H 2.481,93 EUR	S 11,0 %	1 MaestroCard Dispo: 4.500,00 EUR
526 210 456	Sparkonto	H 3.232,63 EUR	H 0,25 %	Kündigungsfrist 3 Monate
183 452/005	Bausparvertrag	H 14.943,85 EUR	H 1,0 %	VL-Sparer (2 x 40,00 und 2 x 42,50 EUR) Bautarif, Bonus 1,0 % BV-Summe: 30.000,00 EUR
600 320	Investmentsparen	H 1.442,35 EUR		Aktienfonds zur staatl. Förderung (2 x 34,00 EUR)
324 587 965	Sparbrief	H 10.000,00 EUR	H 1,75 %	Laufzeit: 4 Jahre Ablauf: 6 Monate
324 587 056	Sparbrief	H 15.000,00 EUR	H 2,25 %	Laufzeit: 5 Jahre Ablauf: 22 Monate

Lösungsvorschläge mit wichtigen verkäuferischen und prüfungstaktischen Tipps finden Sie unmittelbar im Anschluss an diese Aufgabe.

Reisezahlungsmittel

> **Lösungsvorschläge**

Was sollten Sie beim Gespräch beachten?

- Als langjährige Kundin begrüßen Sie Frau Dotterweich freundlich und fragen sie nach ihrem Befinden und dem ihrer Familie.
- Nachdem Frau Dotterweich Ihnen vom Urlaub erzählt hat, erkundigen Sie sich im Detail: wann, wohin, wie lange, wie (Auto, Motel, Wohnmobil), wer geht mit, usw.?
- Fragen Sie auch, was der Urlaub kostet und wie er bezahlt werden soll. Welches EK fließt in die Reise oder soll ein bestimmter Betrag finanziert werden?
- Denken Sie neben den Reisezahlungsmitteln auch an die Absicherung der Familie im Urlaub (Auslandskrankenversicherung, falls Dotterweichs sich nicht für die MasterCard Gold entscheiden). Ist das Haus der Kunden während der Abwesenheit genügend gesichert (Diebstahl, Wasserschaden usw.)?
- Weitere Ansatzpunkte für Zusatzgeschäfte sind eine zweite MaestroCard oder ein Spardauerauftrag für die nächste Urlaubsreise. Überlegen Sie schon jetzt, ob es sinnvoll ist, den Kunden ein Kartendoppel (Gold- und normale Karte) anzubieten. Eine weitere Möglichkeit ist eine Umstellung auf ein Preismodell für Girokonten mit einer oder zwei Kreditkarten.
- Machen Sie für Frau Dotterweich übersichtliche Aufzeichnungen, damit sie diese für ihren Mann mit nach Hause nehmen kann.
- In diesem Gespräch gibt es enorm viele Informationen, die Sie Ihrer Kundin mit auf den Weg geben müssen. Dosieren Sie diese richtig. Fragen Sie nach, ob alle Fragen geklärt sind, bevor Sie die nächste Möglichkeit erklären.
- Suchen Sie sich im Vorfeld bereits passendes Prospektmaterial zusammen, das Ihre Erläuterungen unterstützen soll.

Welche fachlichen Inhalte können von Ihnen erwartet werden?

Erkundigen Sie sich gleich am Anfang des Gespräches, welche Reisezahlungsmittel Frau Dotterweich bereits kennt. Greifen Sie diese auf und ergänzen Sie noch fehlende Informationen.

Reisezahlungsmittel

Nehmen Sie auch Ihr bereitgelegtes Prospektmaterial zur Hand. Es soll Ihre Argumentation unterstützen und verdeutlichen. Greifen Sie zu eigenen Aufzeichnungen, wenn Sie Ideen für eigene Schaubilder haben. Bringen Sie ruhig auch eigene Erfahrungen aus Ihren Urlauben mit ein.

Erläutern Sie dann die Reisezahlungsmittel, die Frau Dotterweich noch nicht kennt.

Hier eine Aufstellung der Reisezahlungsmittel mit Hinweisen, die Sie Frau Dotterweich im Gespräch erklären sollten:

- MaestroCard
    - Relativ hohe Akzeptanz in den USA
    - Günstige Möglichkeit zur Bargeldbeschaffung am GAA
    - Bezahlung an den Kassen mit PIN oder Unterschrift
    - Relativ hohe Gebühren der Auslandsbanken
- Kreditkarte(n)

    MasterCard, MasterCard Gold, VISA-Card usw.: Nennen Sie die Unterschiede und schildern Sie die Vorteile jeder Karte für Familie Dotterweich.

    Im Folgenden einige Aspekte, die Sie berücksichtigen sollten:
    - Monatliche Abrechnung mit übersichtlicher Aufstellung
    - Sehr hohe Akzeptanz überall in den USA
    - Sogar für Kleinstbeträge geeignet
    - Sehr teuer in der Bargeldbeschaffung
    - Teilweise mit Versicherung

        Klären Sie ab, welche die Familie Dotterweich benötigt, welche sie noch zusätzlich braucht, welche sie eventuell wegen des Erwerbs einer Kreditkarte kündigen könnte. Zeigen Sie auch auf, dass die zusätzlichen Kosten durch die Goldkarte eventuell geringer sind, als der Kostenvorteil bei den Versicherungen.
    - Ist eine zweite Kreditkarte sinnvoll? Wenn ja, auf welchen Namen? Ist dann eine günstigere Zusatzkarte sinnvoll oder eine andere Kreditkarte, z. B. Kombination aus MasterCard und VISA-Card/Akzeptanzstellen?
    - Teilweise Rückerstattung der Gebühr bei bestimmtem Umsatz.

Reisezahlungsmittel

- <mark>Reiseschecks</mark> (kein zwingender Teil des Gesprächs, da geringe <mark>Bedeutung</mark> in der Praxis)
  - Schecks in Euro beziehungsweise ausländischer Währung ausgestellt zur Bargeldbeschaffung beziehungsweise Bezahlung
  - Sehr hohe Sicherheit auf Grund doppelter Unterschrift (bei Empfang und bei Ausstellung)
  - Auch kleinere Stückelungen möglich
  - Bargeldumtausch mit relativ niedrigen Gebühren
  - Schecks sind versichert und werden bei Verlust ersetzt
  - Zurücktauschen nach dem Urlaub ist jederzeit zum tagesgültigen Kurs möglich
  - Bei Ausgabe sofortige Kontobelastung inklusive Gebühren
  - Eventuell Schecks auf zwei verschiedene Namen ausstellen

- <mark>Bargeld</mark>

  Für die erste Zeit im Ausland ist es immer sinnvoll einen Handbestand an Landeswährung griffbereit zu haben (für Taxi, Bus, Trinkgeld usw.). Es sollte wegen der hohen Diebstahlgefahr nie zu viel Bargeld mitgenommen werden.

Klären Sie ab, ob Frau Dotterweich alles verstanden hat, was Sie ihr erklärt haben, oder ob sie noch Fragen hat.

Jetzt müssen Sie wissen, für welche Zahlungsmittel sie sich entscheiden will und wie viel Reisegeld sie eingeplant hat. Geben Sie ihr Tipps, wenn sie nicht weiß, was sie tun soll.

Sie sollten ihr eine Zusammenfassung der Informationen mit auf den Weg geben und ihr anbieten, alles noch einmal in Ruhe mit ihrem Mann zu besprechen. Vereinbaren Sie auf jeden Fall einen neuen Termin – eventuell zusammen mit ihrem Mann.

Denken Sie dabei auch an die Produktionszeiten für die Karten und dass Sie die Reiseschecks bestellen müssen.

Klären Sie ab, auf welche Namen die Karten lauten sollen, eventuell auch auf die Namen der Kinder.

2. Monatliches Sparen

Situation

Frau Doris Dotterweich kommt ohne Termin freudestrahlend zu Ihnen an den Schalter und erzählt, dass sie Patentante geworden sei.

Sie möchte ihrem Patenkind etwas Bleibendes schenken und fragt Sie nach Ihren Ideen.

Gehen Sie auf die Wünsche von Frau Dotterweich ein und erklären Sie ihr neben der passenden Anlageform auch die gesetzlichen Vorschriften.

Frau Dotterweich kennen Sie jetzt schon einige Jahre als sehr großzügige und vorsichtige Kundschaft, die Kinder sehr liebt. Ihr Patenkind ist die Tochter ihrer Nichte Eva Geiger.

Persönliche Angaben: Familie Dotterweich	
Doris Dotterweich	geb. Ehrenreich 44 Jahre Krankenschwester in Teilzeit-Beschäftigung verheiratet
Winfried Dotterweich	45 Jahre Werkstattmeister verheiratet spielt Alt-Herren-Fußball
Michael Dotterweich	15 Jahre Realschüler spielt Fußball PC-Freak
Sonja Dotterweich	13 Jahre Gymnasiastin spielt Tennis

Monatliches Sparen

Kontospiegel: Doris und Winfried Dotterweich					
Kto.-Nr.	Kontoart	Kontostand	Zins		Sonstiges
					Freistellungsauftrag: 1.602,00 EUR
810 578 578	Girokonto	H 2.335,60 EUR	S 11,0 %		2 MaestroCards 1 MasterCard Gold Dispo: 4.500,00 EUR
526 210 456	Sparkonto	H 3.452,63 EUR	H 0,25 %		Kündigungsfrist 3 Monate
183 452/005	Bausparvertrag	H 15.742,85 EUR	H 1,0 %		VL-Sparer (2 x 40,00 und 2 x 42,50 EUR) Bautarif, Bonus 1,0 % BV-Summe: 30.000,00 EUR
600 320	Investmentsparen	H 1.792,60 EUR			Aktienfonds zur staatl. Förderung (2 x 34,00 EUR)
324 587 965	Sparbrief	H 10.000,00 EUR	H 1,75 %		Laufzeit: 4 Jahre Ablauf: 2 Monate
324 587 056	Sparbrief	H 15.000,00 EUR	H 2,25 %		Laufzeit: 5 Jahre Ablauf: 18 Monate

Lösungsvorschläge mit wichtigen verkäuferischen und prüfungstaktischen Tipps finden Sie unmittelbar im Anschluss an diese Aufgabe.

Monatliches Sparen

Lösungsvorschläge

Was sollten Sie beim Gespräch beachten?

- Da Sie Frau Dotterweich schon jahrelang betreuen, wissen Sie, dass die Familie vor kurzem von ihrem USA-Urlaub zurückgekommen ist.

- Freuen Sie sich mit der Patentante, die Kinder liebt, und fragen Sie nach dem Befinden von Mutter und Kind sowie nach den Daten des Patenkindes.

- Erkundigen Sie sich auch nach dem Wohl ihrer Mutter – Frau Ehrenreich – und ihrer Kinder, wie die Arbeit wieder schmeckt nach einem so langen Urlaub.

- Denken Sie bei diesem Gespräch auch an die Absicherung der Kinder von Frau Dotterweich. Fragen Sie, ob sie und ihr Mann sich darüber bereits Gedanken gemacht haben.

- Sie können Frau Dotterweich auch an ihre eigene Altersvorsorge erinnern. Hat sie sich zusätzlich privat abgesichert? Wenn sie Interesse und Zeit hat, unterbreiten Sie ihr ein passendes Angebot.

Welche fachlichen Inhalte können von Ihnen erwartet werden?

Da die Kundin ihr Patenkind finanziell unterstützen will, fragen Sie Frau Dotterweich nach ihren Wünschen und Plänen: Wie viel möchte sie sparen? Möchte sie monatlich oder einmalig einzahlen? Wie lange soll das Geld angelegt werden? Klären Sie dieses anhand der Bausteine von BASEL ab.

Sprechen Sie Frau Dotterweich auch darauf an, ob sie selbst oder gleich das Patenkind Kontoinhaber werden soll. Erklären Sie Ihrer Kundin die Unterschiede hinsichtlich Legitimation und Gläubigereigenschaft. Zeigen Sie ihr auch die Möglichkeiten des späteren Gläubigerwechsels auf.

Monatliches Sparen

Helfen Sie Ihrer Kundin, die für sie richtige Entscheidung zu treffen, gehen Sie auf all ihre Fragen und Ängste ein. Erklären Sie ihr auch, welche Rolle die Eltern als gesetzliche Vertreter spielen.

II Schildern Sie Frau Dotterweich die Vorteile der ausgesuchten Anlageform. Erstellen Sie eine Beispielrechnung mit ihren Zahlen, damit sie sehen kann, was sie ihrem Patenkind z. B. zum 18. Geburtstag schenkt.

Denken Sie an die Personalausweise der Eltern und die Geburtsurkunde des Kindes. Stellen Sie die Unterlagen zusammen und geben Sie diese Ihrer Kundin mit, damit die Eltern als gesetzliche Vertreter unterschreiben können. Gegebenenfalls vereinbaren Sie einen neuen Termin, eventuell mit den Eltern. Eine Legitimation der Eltern ist nicht notwendig, wenn Frau Dotterweich das Konto auf ihren Namen eröffnet und einen späteren Gläubigerwechsel vereinbart.

Geben Sie Frau Dotterweich eine Visitenkarte mit, für den Fall, dass die Eltern des Patenkindes Fragen haben. Die Eltern des Patenkindes sollten im Laufe des Jahres einen Freistellungsauftrag (max. 801,00 EUR) für ihr Kind stellen.

Sprechen Sie Frau Dotterweich auf Ihre Ideen zur Absicherung der eigenen Kinder beziehungsweise der eigenen Altersvorsorge an und vereinbaren Sie einen neuen Termin mit ihr. Falls Sie momentan kein Interesse hat, fragen Sie Frau Dotterweich, ob Sie sie zu einem späteren Zeitpunkt noch einmal anrufen dürfen.

Verabschieden Sie sich freundlich von Frau Dotterweich mit den besten Grüßen an das Patenkind und die Familie und bedanken Sie sich für das Gespräch.

3. Eröffnung von Konten für Minderjährige

Situation

Frau Dotterweich war vor kurzem bei Ihnen und hat für ihr Patenkind ein Sparbuch eröffnet. In diesem Zusammenhang haben Sie Ihre Kundin darauf angesprochen, ob sie bereits über eine Absicherung ihrer Kinder beziehungsweise über eine Sparform für ihre eigenen Kinder nachgedacht hat.

Sie wollte das Ganze zunächst mit ihrem Mann besprechen. Jetzt hat sie bei Ihnen angerufen und für heute einen Beratungstermin vereinbart.

Führen Sie das Gespräch und machen Sie Frau Dotterweich ein kundenorientiertes Angebot.

Denken Sie dabei auch an wichtige Informationen, die Sie Ihrer Kundin mit auf den Weg geben sollten.

Persönliche Angaben: Familie Dotterweich	
Doris Dotterweich	geb. Ehrenreich 44 Jahre Krankenschwester in Teilzeit-Beschäftigung verheiratet
Winfried Dotterweich	45 Jahre Werkstattmeister verheiratet spielt Alt-Herren-Fußball
Michael Dotterweich	16 Jahre Realschüler spielt Fußball PC-Freak
Sonja Dotterweich	13 Jahre Gymnasiastin spielt Tennis

Eröffnung von Konten für Minderjährige

Kontospiegel: Doris und Winfried Dotterweich

Kto.-Nr.	Kontoart	Kontostand	Zins	Sonstiges
				Freistellungsauftrag: 1.602,00 EUR
810 578 578	Girokonto	H 4.358,42 EUR	S 11,0 %	2 MaestroCards 1 MasterCard Gold Dispo: 4.500,00 EUR
526 210 456	Sparkonto	H 3.125,52 EUR	H 0,25 %	Kündigungsfrist 3 Monate
183 452/005	Bauspar- vertrag	H 16.843,58 EUR	H 1,0 %	VL-Sparer (2 x 40,00 und 2 x 42,50 EUR) Bautarif, Bonus 1,0 % BV-Summe: 30.000,00 EUR
600 320	Invest- ment- sparen	H 2.048,35 EUR		Aktienfonds zur staatl. Förderung (2 x 34,00 EUR)
324 587 965	Sparbrief	H 10.000,00 EUR	H 1,75 %	Laufzeit: 4 Jahre Ablauf: 2 Wochen
324 587 056	Sparbrief	H 15.000,00 EUR	H 2,25 %	Laufzeit: 5 Jahre Ablauf: 14 Monate

Lösungsvorschläge mit wichtigen verkäuferischen und prüfungstaktischen Tipps finden Sie unmittelbar im Anschluss an diese Aufgabe.

Eröffnung von Konten für Minderjährige

> Lösungsvorschläge

Was sollten Sie bei diesem Gespräch beachten?

- Fragen Sie Frau Dotterweich auf alle Fälle nach ihrem Patenkind und was die Eltern zu diesem tollen Geschenk gesagt haben. Danken Sie ihr, dass alle Unterlagen so schnell und komplett bei Ihnen waren. Haben die Eltern schon das Geburtensparbuch der Azubi-Bank erhalten?

- Was macht die Familie? Falls Ferien vor der Tür stehen, fragen Sie nach den Urlaubsplänen. Bei einer solchen Kundin, von der Sie viel wissen, bietet es sich an, über alles zu sprechen – auch mal über das Wetter oder die Arbeit.

- Halten Sie die Aufzeichnungen und die aufbereiteten Prospekte bereit. Denken Sie daran, dass Frau Dotterweich für ihren Mann eventuell Informationen mit nach Hause nehmen möchte. Bereiten Sie sich darauf vor, damit es im Nachhinein keine Fragen oder Verwirrungen gibt.

- Als Anschlussgeschäft können Sie Ihre Kundin an ihre eigene Absicherung und die ihres Mannes erinnern. Aufgrund ihres Alters und ihrer Situation bietet sich das an.

- Erinnern Sie Frau Dotterweich an den fälligen Sparbrief oder an den bereits hoch angesparten BV. Fragen Sie sie, ob Sie ihr ein Angebot unterbreiten dürfen oder ob Dotterweichs das Geld anderweitig verwenden wollen.

- Denken Sie auch daran, den Freistellungsauftrag sicherheitshalber zu kontrollieren. Das lässt erkennen, dass Sie sich um Ihre Kunden bemühen.

Welche fachlichen Inhalte können von Ihnen erwartet werden?

Fragen Sie Frau Dotterweich, was ihre Familie zu Ihrem Vorschlag gesagt hat.

Stellen Sie zunächst offene Fragen, damit Sie die Bedürfnisse genau erkennen können. Gehen Sie mit gezielt gestellten Fragen weiter vor und klären Sie Ihnen noch fehlende Informationen ab: Welchen Betrag will sie für die Kinder sparen? Wie lang soll die Laufzeit sein? Sprechen Sie auch die Themen Verfügbarkeit und steuerliche Aspekte an. Denken Sie bitte an alle „BASEL"-Bausteine.

Machen Sie sich Notizen. Erklären Sie Frau Dotterweich, dass Sie sich alles notieren, um nichts zu vergessen und um ihr ein individuelles Angebot für ihre Kinder unterbreiten zu können.

Fassen Sie die Informationen noch einmal zusammen und fragen Sie Ihre Kundin, ob diese so richtig sind.

Falls für die Kinder unterschiedliche Verträge in Frage kommen, sollten Sie die Angebote strikt trennen, damit Frau Dotterweich den Überblick nicht verliert. Denken Sie je nach Höhe der Anlage auch an ein eventuelles Splitting des Betrages.

In diesem Fall gibt es verschiedene Möglichkeiten:

- Spardauerauftrag auf „normales" Sparbuch – drei Monate Kündigungsfrist, 2.000,00 EUR frei pro Monat – auf eigenen Namen der Kinder oder als Vertrag zugunsten Dritter mit Übergang bei Eintreten eines Ereignisses

- Spardauerauftrag auf Investmentsparvertrag – längerfristige Anlage, etwas risikobehaftet, ohne großen Aufwand, da betreut durch Fondsmanager

- Spardauerauftrag auf „Prämiensparer" – lukratives Angebot durch Prämien ab einer bestimmten Laufzeit, gute Grundverzinsung

- Spardauerauftrag auf Bausparvertrag für Michael, da dieser jetzt 16 Jahre alt ist und selbst wohnungsbauprämienberechtigt ist, das heißt, dass er selbst die 8,8 % Wohnungsbauprämie vom Staat auf den Maximalsparbetrag von 512,00 EUR erhalten kann

Eröffnung von Konten für Minderjährige

- Ansparen einer Kapitallebensversicherung – Risikoabsicherung, falls einem der Eheleute etwas zustößt – nicht für das Rentenalter gedacht – Auszahlung an einem bestimmten Termin

- Anlage eines Einmalbetrages – abhängig von der Laufzeit. Möglich ist auf alle Fälle eine Einmaleinzahlung auf einen Investmentfonds, einen Sparbrief oder ein festverzinsliches Wertpapier

Die meisten dieser Anlageformen kennt Frau Dotterweich von den eigenen Anlagen. Richten Sie sich auf Informationsbedarf bei z. B. dem Kapitallebensversicherungsvertrag ein (Laufzeit, steuerliche Behandlung usw.).

Bieten Sie der Kundin nur das Produkt an, von dem Sie der Meinung sind, dass es das richtige für Sonja oder Michael ist.

Gehen Sie deshalb nur kurz auf die Anlageformen ein. Nennen Sie die Vorteile für die Kinder. Klären Sie ab, ob sie noch Fragen hat. Setzen Sie Ihr Prospektmaterial ein. Machen Sie Aufzeichnungen zum Verdeutlichen Ihrer Meinung. Ideal ist eine Modellrechnung, damit Frau Dotterweich sieht, was am Ende bei der Anlage herauskommt. Die Rechnung eignet sich auch gut zum „Mit-nach-Hause-Geben".

Machen Sie sich die Erfahrungen von Frau Dotterweich zunutze. Sie ist mit ihren Anlagen zufrieden, oder?

Klären Sie noch die formellen Dinge, wie Kontoinhaber, Legitimationen, Freistellungsaufträge (Freistellungsvolumen pro Kind 801,00 EUR).

Wenn Frau Dotterweich die gezielt unterbreiteten Vorschläge erst mit ihrem Mann besprechen möchte, akzeptieren Sie dies und vereinbaren einen neuen Termin mit ihr und vielleicht mit ihrem Mann. Dann können Sie alle aufgetretenen Fragen gemeinsam klären.

Falls Sie auch die Unterschriften der Kinder benötigen, sollten Sonja und Michael gleich mitkommen. Natürlich können die Kinder auch ohne Terminvereinbarung bei Ihnen vorbeikommen.

Eröffnung von Konten für Minderjährige

Geben Sie zur Sicherheit noch einmal Ihre Visitenkarte mit, falls der Termin nicht klappt oder dringende Fragen auftreten, die telefonisch geklärt werden können.

II Loben Sie Frau Dotterweich für ihren Entschluss, für die Kinder Geld zu sparen. „Das ist eine tolle Sache." Lassen Sie die Familie grüßen. Geben Sie Frau Dotterweich mit auf den Weg, dass Sie sich auf das nächste Gespräch schon freuen.

Rentnerin Elfriede Ehrenreich

1. Vertrag zugunsten Dritter 40
2. Festverzinsliche Wertpapiere 45
3. Betreuung einer Angehörigen 50
4. Vertrauliches Gespräch wegen Erbschaftsregelung 55
5. Todesfall 60

1. Vertrag zugunsten Dritter

Situation

Die langjährige Kundin Elfriede Ehrenreich hat sich vor zwei Tagen bei Ihnen zu einem Beratungsgespräch über Sparverträge zugunsten ihrer Enkelkinder angemeldet.

Aus einem kurzen Vorgespräch wissen Sie, dass die Gelder als Überraschung zum jeweils 18. Geburtstag gedacht sind.

Sie kennen die persönlichen Verhältnisse. Die Tochter von Frau Ehrenreich, Doris Dotterweich, ist ebenfalls eine Kundin der AZUBI-Bank. Die Enkelkinder heißen Sonja und Michael. Sie sind der Mittelpunkt des Lebens von Frau Ehrenreich.

Führen Sie ein grundsätzliches Beratungsgespräch und zeigen Sie Frau Ehrenreich verschiedene Möglichkeiten auf.

Persönliche Angaben: Elfriede Ehrenreich	
Elfriede Ehrenreich	geb. Meinard
	66 Jahre alt
	Rentnerin
	verwitwet
	drei Kinder

Vertrag zugunsten Dritter

Kontospiegel: Elfriede Ehrenreich				
Kto.-Nr.	Kontoart	Kontostand	Zins	Sonstiges
				Freistellungsauftrag: 801,00 EUR
210 503 408	Girokonto	H 2.364,80 EUR	S 11,0 %	MaestroCard
450 504 607	Sparkonto	H 24.325,00 EUR	H 1,0 %	Kündigungsfrist 6 Monate
630 672 678	Festgeld	H 10.000,00 EUR	H 1,2 %	Laufzeit 3 Monate Fällig in 80 Tagen – schon mehrfach verlängert

Lösungsvorschläge mit wichtigen verkäuferischen und prüfungstaktischen Tipps finden Sie unmittelbar im Anschluss an diese Aufgabe.

Vertrag zugunsten Dritter

> **Lösungsvorschläge**

Was sollten Sie beim Gespräch beachten?

- Nutzen Sie die Informationen, die Ihnen zur langjährigen Kundin vorliegen. Wahrscheinlich lässt Ihnen Ihr Prüfungsausschuss hier freien Raum.

- Sprechen Sie Frau Ehrenreich in der Kontaktphase z. B. auf die Enkelkinder an. Denken Sie daran, dass diese sehr wichtig im Leben von Frau Ehrenreich sind. Fragen Sie z. B. nach dem Stand der Schulausbildung. Knüpfen Sie auf jeden Fall an das Vorgespräch an.

- Denken Sie daran, dass die Gelder für den jeweils 18. Geburtstag der Enkelkinder Sonja und Michael gedacht sind.

- Suchen Sie sich im Vorfeld passende Prospekte und machen Sie sich selbst Aufzeichnungen.

- Frau Ehrenreich ist die Mutter der Kundin Doris Dotterweich. Lassen Sie diese grüßen.

- Vergessen Sie nicht mögliche Anschlussgeschäfte. Der Kontospiegel weist einen sehr hohen Bestand auf dem Sparkonto aus. Außerdem wurde das Festgeld schon mehrfach verlängert. Das deutet darauf hin, dass Frau Ehrenreich die Gelder zurzeit nicht benötigt.

Welche fachlichen Inhalte können von Ihnen erwartet werden?

Grundsätzlich sollten Sie Frau Ehrenreich zwei Vertragsformen anbieten:

- Sparvertrag auf den Namen der Enkelkinder
- Vertrag mit späterem Rechtsübergang

Erstellen Sie für das Beratungsgespräch einen übersichtlichen Vergleich dieser beiden Vertragsformen.

- **Sparvertrag auf den Namen der Enkelkinder**
  - Hier leitet Frau Ehrenreich den Vertrag nur ein. Kontoinhaber werden die Enkelkinder. Deshalb benötigen Sie auch die Legitimation der Kontoinhaber und gegebenenfalls der gesetzlichen Vertreter.
  - Vorteil dieses Vertrags: Keine Probleme mit der Erbschaft.
  - Nachteile dieses Vertrags: Frau Ehrenreich müsste das Sparbuch einbehalten und/oder sperren lassen, damit es zu keinen vorzeitigen Verfügungen kommen kann. Außerdem wissen zumindest die Eltern von Sonja und Michael von diesem Vertrag.
- **Sparvertrag mit späterem Rechtsübergang**
  - Dies ist der „echte" Vertrag zugunsten Dritter. Kontoinhaberin bleibt Frau Ehrenreich bis zum Eintritt einer Bedingung (18. Lebensjahr der Enkelkinder). Mit Bedingungseintritt geht der Sparvertrag auf die Enkelkinder über. Üblich ist auch die zusätzliche Vereinbarung eines alternativen Übergangs für den Fall des Todes von Frau Ehrenreich.
  - Vorteile dieses Vertrags: Es kann zu keinen vorzeitigen Verfügungen kommen und die Enkelkinder erfahren nichts von dem Vertrag (Geschenk).
  - Nachteil dieses Vertrags: Eventuell können die Erben den Vertrag widerrufen.

Erfahrungsgemäß wird sich Frau Ehrenreich für die zweite Vertragsform entscheiden. Dann könnten Sie ihr das Problem Widerruf der Erben erklären: Grundsätzlich handelt es sich um eine Schenkung. Sie ist empfangsbedürftig und bedarf der Annahme.

Falls Frau Ehrenreich sich für eine Einmalzahlung entscheidet, fragen Sie, wovon sie das Geld nehmen möchte.

Solange also die Enkelkinder beziehungsweise in Vertretung die Eltern die Schenkung nicht angenommen haben, können die Erben sie im Todesfall von Frau Ehrenreich widerrufen. Der Widerruf wirkt nicht, wenn vorher die Beschenkten (Enkelkinder) über die Schenkung durch die Bank informiert wurden und den Vertrag unterschrieben haben.

Vertrag zugunsten Dritter

Damit ergeben sich zwei Möglichkeiten:

- Frau Ehrenreich entscheidet sich, die Erben beziehungsweise in Vertretung die Eltern den Vertrag mit unterschreiben zu lassen
- die Bank verpflichtet sich, die Beschenkten im Todesfall sofort zu informieren.

> **Information:**
> Liegt ein unwiderruflicher Vertrag vor, vertritt das OLG Celle die Ansicht, dass der Erblasser sich durch diese Vertragsgestaltung gebunden hat und damit auch den Erben kein Widerrufsrecht zusteht.

Bitte achten Sie bei Ihrer Erklärung darauf, dass nicht der Eindruck entsteht, Sie würden den Eltern von Sonja und Michael nicht trauen. So könnten Sie dem Problem entgehen: „Wenn es Sie interessiert, erkläre ich Ihnen, warum wir versuchen, den Beschenkten sofort mit unterschreiben zu lassen." Oder: „Ich kann mir nicht vorstellen, dass das angesprochene Problem in Ihrer Familie entstehen kann."

Sie könnten Frau Ehrenreich auch eine Anlage auf einem Fondsvertrag als Vertrag zugunsten Dritter anbieten. Natürlich kann auch ein Vertrag (z. B. Spar- oder Bausparvertrag) ohne jede Übergangsbedingung abgeschlossen werden. Allerdings fließt dann das Geld in die Erbmasse.

Klären Sie vor Abschluss auch das Problem der Freistellung. Eröffnen Sie Konten auf die Namen der Enkelkinder, sollten diese (beziehungsweise in Vertretung die Eltern) sie freistellen (max. 801,00 EUR). Beim Vertrag mit späterem Rechtsübergang stellt bis zum Rechtsübergang Frau Ehrenreich frei und danach die Beschenkten.

Wahrscheinlich ist es nötig, einen Dauerauftrag zu erstellen.

Der hohe Bestand auf dem Sparkonto und das Festgeld bieten sich für Anschlussgeschäfte an. Möglich sind z. B. die Anlage in festverzinslichen Wertpapieren oder in Investmentfonds (Rentenfonds).

2. Festverzinsliche Wertpapiere

Situation

Die langjährige Kundin Elfriede Ehrenreich hat sich telefonisch bei Ihnen zu einem Beratungsgespräch über Anlagen in festverzinslichen Wertpapieren angemeldet.

Aus der Erfahrung mit der Kundin wissen Sie, dass Frau Ehrenreich auf sichere Anlageformen Wert legt. Die Gelder, die sie spart, sollen später an ihre Tochter und die Enkelkinder ausgezahlt werden. Die Tochter, Doris Dotterweich, ist zusammen mit ihrem Mann ebenfalls eine Kundin der AZUBI-Bank.

Aus dem Kontospiegel erkennen Sie, dass es um eine Anlage von 10.000,00 EUR gehen kann.

Führen Sie ein grundsätzliches Beratungsgespräch und zeigen Sie dabei Frau Ehrenreich verschiedene Anlageformen auf.

Persönliche Angaben: Elfriede Ehrenreich	
Elfriede Ehrenreich	geb. Meinard
	67 Jahre alt
	Rentnerin
	verwitwet
	drei Kinder

Festverzinsliche Wertpapiere

Kontospiegel: Elfriede Ehrenreich				
Kto.-Nr.	Kontoart	Kontostand	Zins	Sonstiges
				Freistellungsauftrag: 801,00 EUR
210 503 408	Girokonto	H 1.254,70 EUR	S 11,0 %	MaestroCard
450 504 607	Sparkonto	H 25.412,00 EUR	H 1,0 %	Kündigungsfrist 6 Monate
630 672 678	Festgeld	H 10.000,00 EUR	H 1,2 %	Fällig in 15 Tagen
450 504 325	Sparkonto	H 1.200,00 EUR	H 0,25 %	Standardsparvertrag – Vertrag zugunsten Dritter – Enkelsohn Michael
450 504 328	Sparkonto	H 1.200,00 EUR	H 0,25 %	Standardsparvertrag – Vertrag zugunsten Dritter – Enkeltochter Sonja

Lösungsvorschläge mit wichtigen verkäuferischen und prüfungstaktischen Tipps finden Sie unmittelbar im Anschluss an diese Aufgabe.

Festverzinsliche Wertpapiere

> **Lösungsvorschläge**

Was sollten Sie beim Gespräch beachten?

- Nutzen Sie die Informationen, die Ihnen zur langjährigen Kundin vorliegen. Wahrscheinlich lässt Ihnen Ihr Prüfungsausschuss hier freien Raum.
- Knüpfen Sie an das letzte Beratungsgespräch mit Frau Ehrenreich an (Verträge zugunsten Dritter für die Enkelkinder).
- Sprechen Sie Frau Ehrenreich in der Kontaktphase z. B. auf die Enkelkinder an. Es funktionieren aber auch Standardeinstiege, wie: „Trotz des dichten Verkehrs haben Sie es ja pünktlich geschafft", „Wie geht es Ihnen?"
- Berücksichtigen Sie im Gespräch den Wunsch der Kundin nach sicherer Anlage. Verknüpfen Sie dies mit Fragen zu den Enkelkindern, denn Frau Ehrenreich legt das Geld auch für diese an.
- Denken Sie auch daran, dass Frau Ehrenreich die Mutter der Kundin Doris Dotterweich ist. Lassen Sie diese eventuell grüßen.
- Denken Sie an Anschlussgeschäfte. Der Kontospiegel weist einen sehr hohen Bestand auf dem Sparkonto aus. Hier bieten sich höherverzinsliche Anlagen an. Neben den heute angebotenen festverzinslichen Wertpapieren sind auch Anlagen in Fonds (Rentenfonds) möglich.

Welche fachlichen Inhalte können von Ihnen erwartet werden?

Mit einer offenen Frage zu Beginn des Gesprächs können Sie die Bedürfnisse von Frau Ehrenreich genau abklären (Betrag, Laufzeit, Verfügbarkeit): „Was haben Sie sich denn vorgestellt?" Denken Sie daran, dass dies für die Kundin die erste Anlageform dieser Art ist.

Machen Sie sich genaue Notizen. Erklären Sie Frau Ehrenreich, dass Sie sich diese Informationen aufschreiben, damit Sie ihr das richtige Angebot unterbreiten können. Füllen Sie zusammen mit der Kundin die Kundenangaben für Geschäfte in Finanzinstrumenten aus.

Festverzinsliche Wertpapiere

Grundsätzlich sollten Sie Frau Ehrenreich nicht zu viele verschiedene Möglichkeiten anbieten. Konzentrieren Sie sich auf zwei Anlageformen, rechnen Sie aber mit Fragen zu nicht erwähnten Wertpapieren („Eine Nachbarin hat ihr Geld in Bundesanleihen angelegt").

Folgende Wertpapiere sind grundsätzlich möglich: Inhaberschuldverschreibungen, Genussscheine und Sparbriefe, jeweils emittiert durch Ihre Bank. Dazu Pfandbriefe, Bundesanleihen und Bundesobligationen.

Eventuell könnte auch eine längerfristige Sparform Ihrer Ausbildungsbank für die Kundin interessant sein. Ein Vergleich mit z. B. Wertpapieren des Bundes wäre für die Kundin interessant. Erstellen Sie auf einem Blatt einen übersichtlichen Vergleich der angebotenen Papiere. Wichtige Beratungsaspekte sind dabei Sicherheit, Zins und Verfügbarkeit.

> **Beispiel:**
>
> Vergleich von Inhaberschuldverschreibung, gehandelt an der Börse, und Sparbrief. Die Zinssätze entnehmen Sie bitte der Konditionsübersicht Ihrer Bank. Sicher sind beide Papiere, wobei die Inhaberschuldverschreibung während der Laufzeit über die Börse verkauft werden kann. Der Sparbrief wird nicht vorzeitig zurückgenommen. Allerdings besteht bei den Inhaberschuldverschreibungen ein kalkulierbares Risiko durch Kursschwankungen. Beide Papiere werden zum Nennwert zurückgenommen.

Wenn Sie das Problem der Kursschwankung, die die Anlage unsicher macht, ansprechen, müssen Sie auch mit Rückfragen der Kundin rechnen. Also: Wenn der Marktzins im Vergleich zum Zins des Wertpapiers steigt oder sinkt, ändert sich der Kurs des Wertpapiers (sinkt oder steigt). Sehr gering ist das Risiko von Kursverlusten aufgrund einer Verschlechterung der Bonität des Emittenten. Am Ende der Laufzeit wird aber zu 100 % zurückgezahlt.

Bereiten Sie sich auch darauf vor, Fachbegriffe wie Rendite, Nominalverzinsung, Abzinsung usw. erklären zu müssen.

Denken Sie bei dieser Anlage an die Eröffnung eines Depots und die damit verbundenen Gebühren. Rechnen Sie auf jeden Fall mit Fragen zur Versteuerung der Erträge. Also, denken Sie an den Freistellungsauftrag (801,00 EUR). In diesem Zusammenhang sollten Sie Frau Ehrenreich vorrechnen, in welcher Höhe ihr Freistellungsvolumen in Anspruch genommen wird (25.412,00 EUR x 1,0 % + 10.000,00 EUR x 1,2 % + 1.200,00 EUR x 0,25 % + 1.200,00 EUR x 0,25 %).

> **Information:**
> Von Erträgen, die nicht freigestellt werden können, da das Volumen ausgeschöpft ist, muss die Bank 25 % Abgeltungsteuer und daraus 5,5 % Solidaritätszuschlag abziehen. Hat die Kundin der Bank ihre Konfession angegeben, zieht die Bank auch den Kirchensteueranteil ab. Dann beträgt der Abgeltungsteuersatz 24,51 % (8 % Kirchensteuer) bzw. 24,45 % (9 % Kirchensteuer).
>
> Zur Kirchensteuer: Mit Einführung des maschinellen Anfrageverfahrens (MAV) erfolgt ein automatischer Abzug der Kirchensteuer. Damit besteht zukünftig kein Wahlrecht mehr, ob die Kirchensteuer durch die Kreditinstitute einbehalten werden kann oder die Feststellung erst über das Finanzamt im Veranlagungsverfahren erfolgt.
>
> Das neue Verfahren benötigt einen zeitlichen Vorlauf. Im Lauf des Jahres 2013 sollten die Banken die Konfession abfragen können. Damit wäre das Verfahren eine sinnvolle Anwendung für Kapitalerträge, die nach 2013 entstehen (ab Jahreswechsel 12/13). Eine Mitteilungsverpflichtung ist erstmals für den Veranlagungszeitraum 2015 vorgesehen.

Denken Sie auch daran, dass Ihre Bank wahrscheinlich auf eine VZ-Berechnung verzichtet, wenn die Kundin Papiere der Bank kauft.

Füllen Sie den Wertpapierberatungsbogen zusammen mit Frau Ehrenreich aus oder sprechen Sie diesen in jedem Fall an, da sie ihn das nächste Mal ausfüllen müssen.

Dieses Beratungsgespräch verlangt neben der Bearbeitung des Wertpapierberatungsbogens auch das Erstellen eines Beratungsprotokolls. Dadurch würde aber viel Zeit für die eigentliche Beratung verloren gehen. Sprechen Sie deshalb vorweg das Thema an.

3. Betreuung einer Angehörigen

Situation

Die langjährige Kundin Elfriede Ehrenreich ist vor einem halben Jahr in ihrem Garten gestürzt und hat sich den Schenkelhals gebrochen. Sie ist inzwischen aus dem Krankenhaus entlassen, aber immer noch gehbehindert. Die Situation kennen Sie von Erzählungen der Tochter, Doris Dotterweich, ebenfalls eine Kundin Ihrer Bank.

Jetzt haben sich Frau Ehrenreich und Frau Dotterweich telefonisch angemeldet. Grund: Frau Dotterweich hat die Betreuung für ihre Mutter übernommen.

Führen Sie das entsprechende Beratungsgespräch und erledigen Sie alle nötigen Arbeiten im Zusammenhang mit den Konten.

Persönliche Angaben: Elfriede Ehrenreich	
Elfriede Ehrenreich	geb. Meinard
	68 Jahre alt
	Rentnerin
	verwitwet
	drei Kinder

Betreuung einer Angehörigen

Kontospiegel: Elfriede Ehrenreich				
Kto.-Nr.	Kontoart	Kontostand	Zins	Sonstiges
				Freistellungsauftrag: 801,00 EUR
210 503 408	Girokonto	H 1.065,12 EUR	S 11,0 %	MaestroCard
450 504 607	Sparkonto	H 26.503,40 EUR	H 1,0 %	Kündigungsfrist 6 Monate
820 683 425	IHS der AZUBI-Bank	H 10.000,00 EUR	H 2,5 %	Fällig in ca. 3 Jahren
450 504 325	Sparkonto	H 2.712,50 EUR	H 0,25 %	Standardsparvertrag – Vertrag zugunsten Dritter – Enkelsohn Michael
450 504 328	Sparkonto	H 2.712,50 EUR	H 0,25 %	Standardsparvertrag – Vertrag zugunsten Dritter – Enkeltochter Sonja

Lösungsvorschläge mit wichtigen verkäuferischen und prüfungstaktischen Tipps finden Sie unmittelbar im Anschluss an diese Aufgabe.

Betreuung einer Angehörigen

> **Lösungsvorschläge**

Was sollten Sie beim Gespräch beachten?

- Sprechen Sie Frau Ehrenreich in der Kontaktphase z. B. auf ihren Unfall und den anschließenden Krankenhausaufenthalt an.
- Fragen Sie die Kundin auf jeden Fall nach ihrem jetzigen Gesundheitszustand.
- Vergessen Sie nicht, nach dem Betreuerausweis/der Betreuungsurkunde zu fragen.
- Beziehen Sie Frau Ehrenreich immer in das Gespräch mit ein. Lassen Sie nicht den Eindruck aufkommen, Ihr Gesprächspartner sei ab jetzt nur noch Frau Dotterweich.
- Fragen Sie die beiden, wie sie sich die künftige Kontoführung vorstellen.
- Wünschen Sie auf jeden Fall am Ende des Gesprächs Frau Ehrenreich gute Besserung.

Welche fachlichen Inhalte können von Ihnen erwartet werden?

Prüfen Sie den nachfolgenden Betreuerausweis.

Erklären Sie Frau Dotterweich und Frau Ehrenreich die Wirkung der Betreuung für die Bankverbindung.

Neben Frau Dotterweich ist Frau Ehrenreich weiterhin in der Lage, Rechtsgeschäfte im Zusammenhang mit der Bank rechtsverbindlich zu erledigen (ohne Einwilligungsvorbehalt). Bieten Sie in diesem Zusammenhang an, auch zu Frau Ehrenreich nach Hause zu kommen, um Geschäfte im Zusammenhang mit der Kontoverbindung zu erledigen.

Frau Dotterweich ist als nahe Verwandte befreite Betreuerin, d. h., sie muss keine Sperr- oder Genehmigungsvorschriften beachten.

Betreuung einer Angehörigen

 **Amtsgericht Bamberg**

- Betreuungsgericht -

Geschäftsnummer: XVII 0420/20..   Bamberg, 28. 01. 20..

Betreuerausweis

Doris Dotterweich

ist für

Elfriede Ehrenreich

zur **Betreuerin** bestellt.

Ihr Aufgabenkreis umfasst:

- Vermögenssorge mit der Vertretung in Behördenangelegenheiten

Die Betreuerin vertritt die Betroffene im Rahmen ihres Aufgabenkreises gerichtlich und außergerichtlich. Soweit die Betreute dazu in der Lage ist, kann sie ihre Angelegenheiten weiterhin auch selbst rechtsverbindlich erledigen.

gez. *Justus Stiz*
Oberamtsrichter

Betreuung einer Angehörigen

Vervollständigen Sie die Kontounterlagen, indem Sie die Betreuung vermerken, die Legitimation von Frau Dotterweich einholen (gegebenenfalls Übernahme aus Kontoverbindung) und die Betreuerin auf dem Unterschriftenblatt unterschreiben lassen.

Klären Sie ab, ob Frau Dotterweich eine Kundenkarte beziehungsweise MaestroCard für das Girokonto erhalten soll. Über das Girokonto kann Frau Dotterweich betragsmäßig frei verfügen.

Fragen Sie Ihre beiden Kundinnen, ob sie noch Fragen zur Betreuung haben.

Informieren Sie Frau Dotterweich und Frau Ehrenreich über die Kontobeziehung (= Kontospiegel).

Das Gespräch eignet sich nur bedingt, Anschlussgeschäfte anzusprechen. Bei der Erklärung der einzelnen Konten, insbesondere dem Sparkonto, könnten Sie aber versuchen, den hohen Guthabenbestand anzusprechen und eventuell eine neue Anlageform (z. B. Investmentsparen) zu empfehlen.

Händigen Sie Frau Dotterweich eine Kontokarte (Kontonummer usw.) aus und verabschieden Sie die Kundinnen mit den besten Wünschen.

Information:

In unserem Fall wäre eine Übernahme der Betreuung eigentlich nicht notwendig gewesen. Eine normale Bank- oder Kontovollmacht für die Tochter hätte ausgereicht. Auch eine Vorsorgevollmacht – privat oder gegenüber einer Bank ausgesprochen – hätte das Vorsorgeproblem gelöst.

Sollte Ihre Prüfungsaufgabe darin bestehen, bei der Auswahl einer geeigneten Vollmacht mitzuwirken, beachten Sie bitte die genannten Punkte.

4. Vertrauliches Gespräch wegen Erbschaftsregelung

> Situation

Frau Elfriede Ehrenreich hat bei Ihnen gestern angerufen und einen dringenden Termin mit Ihnen für heute vereinbart.

Nachdem Ihre langjährige Kundin auf dem Wege der Besserung zu sein scheint, zwar noch immer nicht selbstständig gehen kann, aber schon wieder recht agil erscheint, möchte sie mit Ihnen ihre gesamten Geldgeschäfte regeln.

Sie bittet Sie deshalb um ein vertrauliches Gespräch. Ihre Tochter und Betreuerin, Doris Dotterweich, soll davon vorerst nichts erfahren.

Gehen Sie bei diesem Beratungsgespräch gezielt auf die Wünsche von Frau Ehrenreich ein, schauen Sie sich die komplette Kontoverbindung an. Denken Sie an alle möglichen gesetzlichen Regelungen, die eine Erbschaft beziehungsweise Schenkung mit sich bringt.

Persönliche Angaben: Elfriede Ehrenreich	
Elfriede Ehrenreich	geb. Meinard
	69 Jahre alt
	Rentnerin
	verwitwet
	Betreuerkonto
	drei Kinder

Vertrauliches Gespräch wegen Erbschaftsregelung

Kontospiegel: Elfriede Ehrenreich – Betreuerin Doris Dotterweich

Kto.-Nr.	Kontoart	Kontostand	Zins	Sonstiges
				Freistellungsauftrag: 801,00 EUR
210 503 408	Girokonto	H 1.876,54 EUR	S 11,0 %	MaestroCard
450 504 607	Sparkonto	H 29.489,45 EUR	H 1,0 %	Kündigungsfrist 6 Monate
820 683 425	IHS der AZUBI-Bank	H 10.000,00 EUR	H 2,5 %	Fällig in 1 Jahr
450 504 325	Sparkonto	H 3.453,67 EUR	H 0,25 %	Standardsparvertrag – Vertrag zugunsten Dritter – Enkelsohn Michael
450 504 328	Sparkonto	H 3.453,67 EUR	H 0,25 %	Standardsparvertrag – Vertrag zugunsten Dritter – Enkeltochter Sonja

Lösungsvorschläge mit wichtigen verkäuferischen und prüfungstaktischen Tipps finden Sie unmittelbar im Anschluss an diese Aufgabe.

Vertrauliches Gespräch wegen Erbschaftsregelung

Lösungsvorschläge

Was sollten Sie beim Gespräch beachten?

- Fragen Sie Frau Ehrenreich, wie es ihr geht, wie sie alleine hierher gekommen ist, und wie es ihrer Tochter und den Enkelkindern geht.
- Denken Sie daran, Frau Ehrenreich zu erklären, welche Informationen ihre Tochter als Betreuerin erhalten kann.
- Sprechen Sie ganz offen mit Frau Ehrenreich über all ihre Wünsche. Sie wissen aus vorausgegangenen Gesprächen, dass ihre Tochter und ihre Enkelkinder für sie alles bedeuten. Denken Sie daran, wenn Sie Ihrer Kundin ein individuelles Angebot machen.
- Überprüfen Sie alle Konten nach den Kriterien Anlageform und Gläubigerschaft.
- Machen Sie sich auf jeden Fall Aufzeichnungen, die Sie später Frau Ehrenreich mitgeben können.
- Anschlussgeschäfte, wenn diese sich nicht direkt aufdrängen, sind bei diesem Gespräch nicht üblich. Verabschieden Sie sich angemessen von Frau Ehrenreich und wünschen Sie ihr alles Gute.

Welche fachlichen Inhalte können von Ihnen erwartet werden?

Gehen Sie Schritt für Schritt vor, sprechen Sie ein Konto nach dem anderen an, damit es nicht zu verwirrend für Frau Ehrenreich ist.

Notieren Sie sich die Ergebnisse oder zusätzliche Informationen.

Ihre Kundin wird wahrscheinlich auch Informationen über Erbschaft und Schenkung wünschen. Grundsätzlich erben die Kinder von Frau Ehrenreich. Zusammen mit den Enkelkindern gehören sie zu den Erben erster Ordnung. Sie wissen, dass Frau Ehrenreich drei Kinder hat. Ihre Tochter Doris Dotterweich kennen Sie als sehr gute Kun-

Vertrauliches Gespräch wegen Erbschaftsregelung

din. Eine weitere Tochter und ein Sohn wohnen außerhalb. Damit würde die Erbschaft gedrittelt (gesetzliche Erbfolge).

Andere Regelungen können durch ein Testament oder durch vorzeitige Schenkungen getroffen werden.

Die Verträge zugunsten der Enkelkinder stellen z. B. rechtlich Schenkungen dar.

Erbschaft und Schenkungen werden steuerlich gleich behandelt und nach dem Erbschaftsteuergesetz besteuert. Kinder haben nach diesem Gesetz einen persönlichen Freibetrag von 400.000,00 EUR. Dazu kommen z. B. noch Versorgungsfreibeträge. Diese Information wird Frau Ehrenreich beruhigen, denn sie hat sicher gefürchtet, dass ihre Kinder hohe Steuern bezahlen müssen.

Wichtig ist für die Kundin auch, dass bei Schenkungen die Steuerfreibeträge wieder aufleben, wenn zehn Jahre seit der Schenkung verstrichen sind.

Klären Sie ab, ob Frau Ehrenreich zusätzlich zur Verfügungsberechtigung für ihre Tochter noch weitere Verfügungsberechtigungen eintragen möchte. Erklären Sie Ihrer Kundin die Vollmachten über den Tod hinaus (jede Vollmacht wirkt über den Tod hinaus) beziehungsweise für den Tod, wenn eine solche Vollmacht für sie in Frage kommt.

Überlegen Sie mit Frau Ehrenreich, wie Sie mit ihrem Sparkonto 450 504 607 umgehen möchte. Möchte sie das Konto umschreiben, einen Begünstigten einsetzen, den Betrag splitten oder eine andere Anlageform wählen? Vielleicht möchte sie einen bestimmten Betrag für sich als private Absicherung behalten.

Wenn der Restbetrag auf ihre Tochter und die beiden Enkelkinder (inzwischen 19 und 16 Jahre alt) aufgeteilt werden soll, klären Sie ab, wie sie das Geld mit welchem Betrag und welcher Laufzeit anlegen möchte. Denken Sie daran, einen Vertrag zugunsten Dritter zu wählen oder das Geld direkt auf einem Konto des Begünstigten anzulegen.

Vertrauliches Gespräch wegen Erbschaftsregelung

Möglich sind natürlich verschiedene Anlageformen. Gehen Sie auf die Vorgaben Ihrer Kundin ein. Fragen Sie Frau Ehrenreich, wem sie wie viel Geld zur Verfügung stellen und ob sie ein Gespräch zu dritt führen möchte, damit die Wünsche der Begünstigten berücksichtigt werden.

Die IHS, die im nächsten Jahr fällig wird, kann bei Fälligkeit auf ein gewünschtes Konto übertragen werden. Eine Vollmacht oder eine Begünstigung ist in diesem Fall nicht sinnvoll.

Die beiden Sparkonten sind bereits als Vertrag zugunsten Dritter auf die beiden Enkelkinder umgeschrieben.

Denken Sie beim Umschreiben der Konten auch daran, dass die neuen Inhaber sich legitimieren, die Kontounterlagen unterschreiben und, wenn möglich, die neuen Anlagen im Freistellungsauftrag berücksichtigt werden müssen.

Erinnern Sie Frau Ehrenreich daran, dies den neuen Kontoinhabern zu sagen. ==Bei Verträgen zugunsten Dritter sollte Ihre Kundin entscheiden, ob die Begünstigten benachrichtigt werden sollen oder nicht.==

Berechnen Sie den Freistellungsauftrag aufgrund der geänderten Situation neu. Fassen Sie am Ende alles noch einmal für Ihre Kundin zusammen und bieten Sie ihr an, die Aufzeichnungen mit nach Hause zu nehmen.

Fragen Sie Frau Ehrenreich, ob alles zu ihrer Zufriedenheit geklärt ist oder ob sie noch Fragen hat. Möglicherweise müssen Gesprächstermine mit den Begünstigten vereinbart werden.

Bieten Sie ihr noch einmal an, dass sie sich bei Fragen jederzeit an Sie wenden kann. Geben Sie ihr Ihre Visitenkarte mit, dann hat sie Ihre Daten griffbereit. Sie können ihr auch sagen, dass Sie gern zu ihr nach Hause kommen, um sie weiterhin gut betreuen zu können.

5. Todesfall

> **Situation**

Die langjährige Kundin Elfriede Ehrenreich ist vor drei Tagen verstorben. Frau Ehrenreich hatte sich von ihrer Schenkelhalsoperation nie richtig erholt. Den Krankheitsverlauf kennen Sie aus den Erzählungen der Tochter Doris Dotterweich und von Frau Ehrenreich persönlich.

Jetzt kommt Frau Dotterweich zu Ihnen, um die Konten abzuwickeln. Außerdem will sie Beerdigungskosten über 1.400,00 EUR überweisen. Sie hat Vollmacht über das Girokonto.

Da Ihnen die Sterbeurkunde schon seit zwei Tagen vorliegt, haben Sie bereits die Enkelkinder von Frau Ehrenreich schriftlich über die Sparverträge zugunsten Dritter informiert.

Führen Sie das entsprechende Beratungsgespräch und wickeln Sie die Konten so weit wie möglich ab.

Persönliche Angaben: Elfriede Ehrenreich	
Elfriede Ehrenreich	geb. Meinard
	72 Jahre alt
	Rentnerin
	verwitwet
	drei Kinder

Todesfall

Kontospiegel: Elfriede Ehrenreich – Betreuerin Doris Dotterweich				
Kto.-Nr.	Kontoart	Kontostand	Zins	Sonstiges
				Freistellungsauftrag: 801,00 EUR
210 503 408	Girokonto	H 3.085,12 EUR	S 11,0 %	MaestroCard
450 504 607	Sparkonto	H 31.503,40 EUR	H 1,0 %	Kündigungsfrist 6 Monate
820 683 425	IHS der AZUBI-Bank	H 10.000,00 EUR	H 2,5 %	Fällig in ca. 3 Monaten
450 504 325	Sparkonto	H 6.879,50 EUR	H 0,25 %	Standardsparvertrag – Vertrag zugunsten Dritter – Enkelsohn Michael
450 504 328	Sparkonto	H 6.879,50 EUR	H 0,25 %	Standardsparvertrag – Vertrag zugunsten Dritter – Enkeltochter Sonja

Lösungsvorschläge mit wichtigen verkäuferischen und prüfungstaktischen Tipps finden Sie unmittelbar im Anschluss an diese Aufgabe.

Todesfall

> **Lösungsvorschläge**

Was sollten Sie beim Gespräch beachten?

- Die Beratung im Todesfall ist schwierig. Das gilt insbesondere für junge Menschen. Auf diese Problematik werden die Prüfer Rücksicht nehmen.

- Da Sie mit Frau Dotterweich mehrfach Gespräche über den Gesundheitszustand der Mutter geführt haben, können Sie hier gut anknüpfen. Natürlich sprechen Sie ihr ein ==aufrichtiges Beileid== aus. Sie werden an ihrer Reaktion sehr schnell erkennen, ob die Kundin über den Tod ihrer Mutter reden möchte oder nicht.

- Stellen Sie nur die notwendigen Fragen zu den Konten und bieten Sie der Kundin so weit wie möglich an, die weitere Abwicklung zu übernehmen.

- Da Ihnen die Sterbeurkunde bereits vorliegt, können Sie sich Aufzeichnungen machen, wichtige Fragen notieren und Unterlagen heraussuchen. Damit kann die Abwicklung schneller und problemloser durchgeführt werden. Sagen Sie Frau Dotterweich, dass Sie die Unterlagen schon so weit wie möglich bereitgelegt haben.

- Die Beratung im Todesfall lässt keinen Platz für das Anbieten von Anschlussgeschäften.

- Auch die Verabschiedung der Kundin erfordert von Ihnen viel Fingerspitzengefühl. Bieten Sie auf jeden Fall Ihre weitere Hilfe an, denn ein Todesfall ist nicht nur schmerzlich, sondern zieht viel Arbeit und viele Entscheidungen nach sich.

Welche fachlichen Inhalte können von Ihnen erwartet werden?

Prüfen Sie den gemeinschaftlichen Erbschein.

Grundsätzlich müssen Sie folgende Konten in Nachlasskonten wandeln: Giro-, Sparkonto und Depot. Die Sparkonten (Verträge zuguns-

Todesfall

Amtsgericht Bamberg

Geschäftsnummer: XVII 0420/98   Bamberg, 14. 06. 20..

Gemeinschaftlicher Erbschein

Die am 24.12.19.. in Bamberg geborene,
zuletzt in Bamberg wohnhaft gewesene

Elfriede Ehrenreich

ist am 12.06.20.. in Bamberg gestorben und beerbt
aufgrund des Testaments vom 01.01.19.. (URNr. 4711)

1. Doris Dotterweich, geb. Ehrenreich, wohnhaft in Bamberg, Heinrichsdamm 27,
2. Erich Ehrenreich, wohnhaft in Hamburg, Im Fleet 76,
3. Gertrud Obers, geb. Ehrenreich, wohnhaft in Linz (Österreich), Am Wilden Mann 9

zu je einem Drittel – zu 1/3 –.

gez. Justus Stiz
Oberamtsrichter

---

ten Dritter) für die Enkelkinder schreiben Sie auf die neuen Kontoinhaber um, da die Übergangsbedingung (Tod) eingetreten ist.

Aus dem Erbschein erkennen Sie, dass drei Erben vorhanden sind. Sie benötigen die Legitimation aller Erben. Das ist bei Doris Dotterweich nicht notwendig, da sie Kundin und somit bereits legitimiert ist.

Verfügungen können nur durch die Erben gemeinsam erfolgen, es sei denn, sie haben sich gegenseitig Vollmacht gegeben. Von Gertrud Obers benötigen Sie zusätzlich eine erbschaftsteuerliche Unbedenklichkeitserklärung vom zuständigen deutschen Finanzamt, da sie in Österreich wohnt. Banken beschaffen häufig diese Erklärung für ihre Kunden.

Todesfall

Klären Sie Frau Dotterweich entsprechend auf. Vielleicht ist es möglich, die anderen Erben zu dem Gespräch dazuzuholen oder einen weiteren Termin zu vereinbaren. Eventuell erhalten Sie die Vollmachten auch mit den Legitimationspapieren zugeschickt.

Erledigen Sie auf jeden Fall die Überweisung der Beerdigungskosten. Das ist unproblematisch, da Frau Dotterweich über das Girokonto eine Vollmacht hat und der Kontostand ausreicht. Die „normale" Vollmacht bleibt auch nach dem Tod des Vollmachtgebers bestehen. Erst wenn die legitimierten Erben sie widerrufen, erlischt sie. Sie sind nach neuer Rechtsprechung aber nicht berechtigt, die Beerdigungskosten einem Dritten zu erstatten. Der Anspruch der Dritten gemäß § 1968 BGB richtet sich nur gegen die Erben. Übernimmt aber z. B. ein Erbe diese Kosten, können Sie an ihn auszahlen.

Teilen Sie Frau Dotterweich mit, dass Sie die Kontenstände dem für die Erbschaftsteuer zuständigen Finanzamt gemeldet haben, da die Kontenstände am Tag vor dem Todestag über 5.000,00 EUR betragen haben. Erklären Sie ihr aber auch, dass das nicht gleichbedeutend mit der Zahlung von Steuern ist. Die persönlichen Freibeträge bei der Erbschaftsteuer liegen je Kind bei 400.000,00 EUR.

Falls ein Termin mit den Erben vereinbart wurde, notieren Sie diesen Termin z. B. auf Ihrer Visitenkarte und geben Sie diese der Kundin mit. Bieten Sie Frau Dotterweich auf jeden Fall Ihre Hilfe an und betonen Sie Ihre Bereitschaft, für Fragen zur Verfügung zu stehen. Erklären Sie sich auch bereit, mit den Geschwistern von Frau Dotterweich telefonisch in Kontakt zu treten.

Die Abwicklung der Konten kann erst vorgenommen werden, wenn die legitimierten Erben die Aufträge erteilt haben. Informieren Sie Frau Dotterweich über diese Situation.

Wahrscheinlich wird Ihre Bank auf die Berechnung von Vorschusszinsen bei der Auflösung des Sparkontos verzichten. Die Inhaberschuldverschreibungen können über die Börse verkauft werden.

Ihre Kundin soll sich die Informationen noch einmal durch den Kopf gehen lassen und mit ihrem Mann und den Geschwistern besprechen. Geben Sie ihr zur Unterstützung Ihre Notizen mit. Fragen Sie, ob noch irgendetwas unklar sei.

Angestellter Georg Geiger

1. Kontenumstellung wegen Heirat 66
2. Anlage in Aktien 70
3. Hauptversammlung einer AG 75
4. Beratung – private Altersvorsorge (Riester-Rente) 80

IV

Kontenumstellung wegen Heirat

1. Kontenumstellung wegen Heirat

Situation

Ihr Kunde Georg Geiger hat gerade geheiratet. Er ist schon sehr lange Kunde bei Ihrer AZUBI-Bank, war aber überwiegend Automatenkunde und erledigt seine Bankgeschäfte von zu Hause aus.

Er hat bei Ihnen angerufen und einen Termin für seine Frau vereinbart, damit die Formalitäten zur Kontenumstellung schnell erledigt werden können. Sie bringt alle notwendigen Unterlagen mit.

Helfen Sie Frau Eva Geiger, geb. Ehrenreich, 24 Jahre, bei der Kontenumstellung und beantworten Sie ihre Fragen.

Persönliche Angaben: Georg Geiger	
Georg Geiger	25 Jahre
	technischer Angestellter eines Energieversorgers
	PC-Freak
	spielt Tuba im Musikverein Obertrubach

Kontenumstellung wegen Heirat

Kontospiegel: Georg Geiger

Kto.-Nr.	Kontoart	Kontostand	Zins	Sonstiges
				Freistellungsauftrag: 801,00 EUR
830 453 721	Girokonto	H 3.253,65 EUR	S 11,0 %	MaestroCard, MasterCard, verfügungsberechtigt: Eva Ehrenreich
210 587 347	Sparbuch	H 16.798,52 EUR	H 0,25 %	Kündigungsfrist: 3 Monate Sonderzins 0,5 %
1783510/001	Bausparvertrag – Bausparsumme 40.000,00 EUR	H 10.113,54 EUR	H 1,0 %	Bonus 1 % auf Sparguthaben 40,00 EUR (5. VermBG) und 42,60 EUR (WoPG) Bautarif
123 589 546	Sparbrief	H 5.000,00 EUR	H 2,00 %	Jährliche Verzinsung zugunsten Sparbuch Nr. 210 587 347 Laufzeit: 5 Jahre Ablauf: 20 Monate

Lösungsvorschläge mit wichtigen verkäuferischen und prüfungstaktischen Tipps finden Sie unmittelbar im Anschluss an diese Aufgabe.

Kontenumstellung wegen Heirat

Lösungsvorschläge

Was sollten Sie beim Gespräch beachten?

- Begrüßen Sie Frau Geiger, stellen Sie sich und Ihre Bank kurz der Kundin vor und bieten Sie ihr an, sich gerne um ihre Angelegenheiten zu kümmern. Geben Sie ihr für Rückfragen Ihre Visitenkarte mit.
- Gratulieren Sie zur Heirat und erkundigen Sie sich nach der Hochzeit und den Flitterwochen.
- Nutzen Sie die Chance, Frau Geiger kennen zu lernen. Fragen Sie nach ihrer Arbeit, nach der Wohnung (z. B. „Haben Sie sich nach dem Umzug schon eingelebt?") usw.
- Bereiten Sie eine Aufstellung des Gesamtengagements von Herrn Georg Geiger vor.
- Sicher können einige Fragen nicht allein mit Frau Geiger abgeklärt werden. Notieren Sie sich diese Fragen und geben Sie diese Notizen mit. Am besten vereinbaren Sie den nächsten Gesprächstermin mit beiden Ehepartnern.
- Als Anschlussgeschäfte bieten sich an: Versicherungen für den gemeinsamen Hausstand, neuer Bausparvertrag für späteren Hausbau, Übertragung der Bankverbindung von Frau Geiger auf die AZUBI-Bank, alternative Anlageangebote zum Mitbewerber (bisherige Bankverbindung von Frau Geiger).

Welche fachlichen Inhalte können von Ihnen erwartet werden?

Nehmen Sie sich das Gesamtengagement zur Hand und fragen Frau Geiger, ob sie und ihr Mann sich schon konkrete Gedanken gemacht haben.

Vergessen Sie nicht Frau Geiger nach der Vollmacht zu fragen, die ihr Mann ausgestellt hat, damit Sie die Umstellungen vornehmen können. Die einfache Kontovollmacht reicht nicht aus, denn sie berechtigt nicht zur Änderung von Konten. Denken Sie an die notwendigen Formalitäten wie Heiratsurkunde und Legitimation. Frau Geiger hat sich bei Eintragung der Vollmacht schon legitimiert. Diese Legitimation muss erneuert werden, da Frau Geiger, geb. Ehrenreich, den Namen ihres Mannes übernommen hat.

Gehen Sie mit Frau Geiger Schritt für Schritt die einzelnen Konten durch. Besprechen Sie, welche Konten auf beide Namen umgeschrieben werden sollen und wo Verfügungsberechtigungen vorgesehen sind. Erklären Sie die Anlageformen, mit denen Frau Geiger bisher noch keine Erfahrungen gemacht hat. Gehen Sie auf ihre Fragen ein.

Beim Girokonto ist Frau Geiger bereits verfügungsberechtigt. Soll das so bleiben, oder wollen die Kunden das Konto in ein Gemeinschaftskonto umwandeln? Klären Sie ab, ob das Konto in ein Und- oder Oder-Konto umgeschrieben werden soll. Das Oder-Konto ist die Regel, denn hier können die Kontomitinhaber auch allein verfügen und auf jeden Mitinhaber kann z. B. eine Maestro-Karte ausgestellt werden. Beim Und-Konto könnten Herr und Frau Geiger nur gemeinsam verfügen.

In diesem Zusammenhang können Sie die Kundin auch fragen, ob sie selbst ein Verrechnungskonto hat und ob es noch bestehen bleiben soll. Hier gibt es eventuell die Möglichkeit, das Konto einzuziehen und den Kontostand umzubuchen, dann muss sich Frau Geiger nicht auch noch darum kümmern.

Sprechen Sie das Sparbuch mit dem relativ hohen Guthaben an, das mit einem Sonderzins versehen ist. Haben die Eheleute mit dem Geld etwas vor, oder sind sie bereit, einen gewissen Betrag längerfristig zu höherem Zinssatz anzulegen? Machen Sie Ihrer Kundin bei Interesse ein passendes Angebot.

Der Bausparvertrag mit den vermögenswirksamen Leistungen und den Einzahlungen für die Wohnungsbauprämie ist schon sehr weit angespart. Besprechen Sie, ob der Vertrag in naher Zukunft verwendet werden soll. Möglich ist auch eine Auszahlung des Guthabens. Hier müssen allerdings die Sperrfristen (sieben Jahre ab Vertragsabschluss) beachtet werden.

Wird der Vertrag zurzeit nicht benötigt, kann eine Aufstockung der Bausparsumme empfohlen werden.

Der Sparbrief, der in knapp zwei Jahren fällig ist, spielt in diesem Fall keine große Rolle.

Schreiben Sie alle Entscheidungen der Kundin auf. Erklären Sie ihr, dass Sie das tun, damit Sie nichts vergessen. Diese saubere Aufstellung eignet sich auch hervorragend dazu, sie der Kundin für ihren Mann mitzugeben.

Frau Geiger wird sicherlich nicht alle Entscheidungen an diesem Tag treffen. Bieten Sie ihr an, dass Sie die Unterlagen für Konten, bei denen eine Änderung vorzunehmen ist, zum nächsten Termin vorbereiten. Für die Besprechung der Anlageformen, für die noch

Anlage in Aktien

Entscheidungen offen stehen, vereinbaren Sie einen neuen, festen Termin. Vielleicht kommen dann beide Eheleute zu Ihnen.

Fassen Sie für Ihre Kundin die Fülle der Informationen zum Schluss zusammen und zeigen ihr z. B. anhand des Gesamtengagements, wo sie welche Entscheidungen getroffen hat und wo noch Entscheidungen offen sind. Wiederholen Sie mögliche Alternativen.

Vergessen Sie nicht, den Freistellungsauftrag anzusprechen. Es ist wichtig, dass die Eheleute ihre ==Freistellungsaufträge abstimmen==. Das Gesamtvolumen liegt bei 1.602,00 EUR. Auf diesem Wege ist es sicherlich einfach, die Bank- beziehungsweise Kontoverbindung von Frau Geiger zu erfahren. Versuchen Sie nicht mit aller Gewalt, die Kontoverbindung gleich zu Ihnen zu verlegen, wenn Sie merken, dass die Kundin zufrieden mit ihrer bisherigen Hausbank ist. Aber notieren Sie sich die Anlagen und fragen Sie, ob Sie ihr zu gegebener Zeit ein Angebot machen dürfen.

Sprechen Sie ruhig auch ein Cross-Selling-Angebot an, bei dem Sie der Meinung sind, dass es wichtig für beide ist. Bei Interesse können Sie zu einem späteren Termin ein Angebot unterbreiten.

Bedanken Sie sich am Ende für dieses Gespräch. Sagen Sie ihr auch, dass es Sie gefreut hat, sie persönlich kennen zu lernen, und verabschieden Sie sich mit einem kleinen Smalltalk. Geben Sie ihr für eventuelle Rückfragen Ihre Visitenkarte mit Telefonnummer mit.

Da die Eröffnung eines Girokontos auch einen Zahlungsdiensterahmenvertrag beinhaltet, müssten Sie der Kundin vorweg vorvertragliche Informationen zu dem Rahmenvertrag geben. Dadurch würde aber viel Zeit für die eigentliche Beratung verloren gehen. Sprechen Sie deshalb vorweg das Thema an.

2. Anlage in Aktien

Situation

Georg Geiger hat sich telefonisch zu einem Wertpapierberatungsgespräch bei Ihnen angemeldet. Sie hatten anlässlich der Umstellung des Giro- und Sparkontos auf Oder-Konten Frau Geiger eine bessere Anlage der Beträge auf dem Sparkonto empfohlen.

Der Kunde zeigte im Telefonat ein besonderes Interesse an Aktien.

Führen Sie das Beratungsgespräch. Orientieren Sie sich dabei am bisherigen Anlageverhalten.

Anlage in Aktien

FSA nicht ausgeschöpft?

Persönliche Angaben: Eva und Georg Geiger

Eva Geiger	geb. Ehrenreich 25 Jahre kaufmännische Angestellte bei einer Krankenkasse reist gern
Georg Geiger	26 Jahre technischer Angestellter eines Energieversorgers PC-Freak

Kontospiegel: Eva und Georg Geiger

Kto.-Nr.	Kontoart	Kontostand	Zins	Sonstiges
				Freistellungsauftrag: 1.200,00 EUR
830 453 721	Girokonto (Oder- Konto)	H 2.864,33 EUR	S 11,0 %	2 MaestroCards, MasterCard für Georg Geiger
210 587 347	Sparbuch	H 16.798,52 EUR	H 0,25 %	Kündigungsfrist: 3 Monate Sonderzins 0,5 %
Georg Geiger				
1783510/001	Bauspar- vertrag – Bauspar- summe 40.000,00 EUR	H 12.314,57 EUR	H 1,0 %	Bonus 1,0 % auf Sparguthaben 40,00 EUR (5. VermBG), 42,60 EUR (WoPG) Bautarif
123 589 546	Sparbrief	H 5.000,00 EUR	H 2,00 %	Jährliche Verzinsung zugunsten Sparbuch Nr. 210 587 347 Laufzeit: 5 Jahre Ablauf: 18 Monate

Lösungsvorschläge mit wichtigen verkäuferischen und prüfungstaktischen Tipps finden Sie unmittelbar im Anschluss an diese Aufgabe.

Anlage in Aktien

> **Lösungsvorschläge**

Was sollten Sie beim Gespräch beachten?

- Erkundigen Sie sich, ob das Ehepaar Geiger mit der durchgeführten Umstellung der Konten zufrieden ist oder ob noch Wünsche vorhanden sind.
- Vergessen Sie nicht, auch Herrn Geiger zur Hochzeit zu gratulieren.
- Fragen Sie Herrn Geiger nach seinem Arbeitgeber. Energieversorger sind ja zurzeit ständig in den Schlagzeilen. Wie handelt man als Konsument richtig? Lassen Sie sich von Herrn Geiger Empfehlungen geben.
- Beraten Sie den Kunden auf der Grundlage seiner Kenntnisse und machen Sie sich Notizen.
- Als Anschlussgeschäfte bieten sich z. B. an, Herrn Geiger auf den schon weit eingezahlten Bausparvertrag oder auf eine Homebanking-Software anzusprechen, mit der er seine Konten übersichtlich verwalten kann.
- Legen Sie sich ein aktuelles Handelsblatt oder Internetausdrucke zurecht und klären Sie bereits im Vorfeld die Marktsituation ab. Standardzahlen (z. B. aktueller DAX-Stand) sollten Sie im Kopf haben.

Welche fachlichen Inhalte können von Ihnen erwartet werden?

Lassen Sie in einem offenen Gespräch den Kunden von seinen Kenntnissen über Wertpapiere, insbesondere Aktien, berichten. Nutzen Sie hier auch seine Vorliebe für Computer und fragen Sie nach Erfahrungen mit PC-Programmen in diesem Bereich (z. B. Auswertung von Charts). Vielleicht hat Herr Geiger schon einmal das Internetbanking Ihrer Bank getestet.

Füllen Sie zusammen mit dem Kunden die Kundenangaben für Geschäfte in Finanzinstrumenten aus.

Bisher war das Anlageverhalten der Eheleute Geiger von großer Sicherheit geprägt. Der Schritt zu Aktien und damit zu einer risiko-

Anlage in Aktien

bewussten Anlage erscheint zu groß. Empfehlen Sie den Eheleuten deshalb zuerst Anlageformen im festverzinslichen Bereich beziehungsweise Renten- und Dachfonds.

Als Kompromiss ist auch eine Anlage in einem gemischten Wertpapier- oder reinen Aktienfonds möglich. Hier lässt man Fachleute (Fondsmanager) für sich arbeiten und sammelt trotzdem erste Erfahrungen mit Aktien und den entsprechenden Märkten.

Sollte sich Herr Geiger trotzdem für die Anlage in Aktien entscheiden, empfehlen Sie ihm Standardwerte.

Welche Informationen Sie Herrn Geiger zu Aktien noch geben müssen, ist von seinem Wissen abhängig. Stichworte, auf die Sie sich vorbereiten sollten, sind: Eigenkapital, Kursschwankungen, Dividende, Kurszusätze, DAX, Kauf und Verkauf an der Börse, Märkte, Versteuerung von Dividende und Kursgewinnen.

Information:

Nach dem Wertpapierhandelsgesetz sind Sie verpflichtet, folgende zweckdienliche Informationen zu geben:

- Kosten der Transaktion und der Depotführung
- Limitierung von Aufträgen
- Mögliche fehlende Liquidierbarkeit (z. B. insbesondere bei engen Märkten)
- Bonität des Emittenten

Zusätzlich Wissenswertes kann der Kunde den Basisinformationen entnehmen, die Sie ihm am Ende des Gesprächs mitgeben.

Zeigen Sie dem Kunden jedoch in jedem Fall die Vorteile einer Depotführung durch die Bank auf. Hier eine Auswahl:

- Er verpasst keine wichtigen Termine (z. B. Bezugsrechtsnutzung, Hauptversammlung).
- Er wird über die Gesellschaft informiert (bei Namensaktien kann das auch direkt – ohne Einschaltung der Bank – erfolgen).
- Erträge sind freistellbar.

Anlage in Aktien

Natürlich wird Herr Geiger von Ihnen eine Empfehlung haben wollen. Wahrscheinlich haben Sie sich im Vorfeld der Prüfung Informationen aus der Wertpapierabteilung beschafft. Geben Sie diese dem Kunden weiter. Nennen Sie auch Ihre Einschätzungen zur allgemeinen Marktentwicklung.

Grundsätzlich können Sie aber nicht viel falsch machen, wenn Sie DAX-Werte auswählen.

Entscheidet sich der Kunde für bestimmte Werte, füllen Sie zusammen mit ihm einen Kaufauftrag aus. Kurswerte für die Limitsetzung entnehmen Sie z. B. dem Handelsblatt.

Wichtig: Denken Sie auch an den Freistellungsauftrag.

Sinnvoll kann auch ein Hinweis auf die Besteuerung der Erträge sein. Zinsen, Dividenden und eventuelle Kursgewinne unterliegen der Abgeltungsteuer. Also werden 25 % Abgeltungsteuer und daraus 5,5 % Solidaritätszuschlag abgezogen. Haben die Kunden ihre Konfession mitgeteilt, zieht die Bank auch die Kirchensteuer ab. Dann beträgt der Abgeltungsteuersatz 24,51 % (8 % Kirchensteuer) bzw. 24,45 % (9 % Kirchensteuer). Beachten Sie hierzu bitte auch die Informationen auf Seite 49.

Versprechen Sie dem Kunden, ihn sofort anzurufen, wenn der Auftrag ausgeführt wurde oder eine Limitänderung notwendig ist.

Sicher haben Sie ein Homebanking-Programm im Angebot, mit dessen Hilfe der Kunde sein Depot verwalten kann. Das wird gerade den PC-Freak begeistern.

Sollten Sie noch Zeit haben, Anschlussgeschäfte anzusprechen, dann fragen Sie den Kunden, ob er plant, den Bausparvertrag einzusetzen. Dieser ist schon weit eingezahlt. Wird er nicht in naher Zukunft, etwa für eine Hausfinanzierung gebraucht, sollte er aufgestockt werden. Reicht die Zeit nicht mehr aus, vereinbaren Sie einen neuen Gesprächstermin. Hier kann man auch über erste Erfahrungen mit der Aktienanlage sprechen.

Dieses Beratungsgespräch verlangt neben der Bearbeitung des Wertpapierberatungsbogens auch das Erstellen eines Beratungsprotokolls. Dadurch würde aber viel Zeit für die eigentliche Beratung verloren gehen. Sprechen Sie deshalb im Gespräch das Thema an und verweisen auf den nächsten Termin.

3. Hauptversammlung einer AG

Situation

Georg Geiger hatte sich beim letzten Beratungsgespräch für den Kauf von Standardaktien entschieden. Wie Sie am Kontospiegel erkennen können, wurden für ca. 6.000 EUR Aktien gekauft und in das Depot verbucht.

Herr Geiger erhält aktuelles Informationsmaterial zur Hauptversammlung der Deutsche Bank AG. Hierzu hat er Fragen. Deshalb ist ein neuer Gesprächstermin vereinbart.

Die wichtigsten Infos zur Hauptversammlung hier im Überblick:

1. Beschlussfassung über die Verwendung des Bilanzgewinns. Vorstand und Aufsichtsrat schlagen vor, den Bilanzgewinn in Höhe von 706.493.898,00 EUR wie folgt zu verwenden: Ausschüttung einer Dividende von 1,15 EUR je Stückaktie auf die 614.342.520 dividendenberechtigten Stückaktien.

2. Beschlussfassung über ein genehmigtes Kapital und entsprechende Satzungsänderung. Um die sich bietenden Chancen auf dem internationalen Bankenmarkt jederzeit nutzen und flexibel auf etwaige, sich bietende Akquisitionsgelegenheiten reagieren zu können, soll ein genehmigtes Kapital in Höhe von 1.000.000.000,00 EUR für eine oder mehrere Kapitalerhöhungen gegen Bareinlagen geschaffen werden.

Erklären Sie Herrn Geiger die zur Beschlussfassung stehenden Punkte und zeigen Sie ihm die Möglichkeiten der Stimmabgaben auf.

Persönliche Angaben: Eva und Georg Geiger	
Eva Geiger	geb. Ehrenreich, 26 Jahre kaufmännische Angestellte bei einer Krankenkasse reist gern
Georg Geiger	27 Jahre technischer Angestellter eines Energieversorgers PC-Freak

Hauptversammlung einer AG

Kontospiegel: Eva und Georg Geiger

Kto.-Nr.	Kontoart	Kontostand	Zins	Sonstiges
				Freistellungsauftrag: 1.602,00 EUR
830 453 721	Girokonto (Oder-Konto)	H 3.212,84 EUR	S 11,0 %	2 MaestroCards, MasterCard für Georg Geiger
210 587 347	Sparbuch (Oder-Konto)	H 11.898,52 EUR	H 0,25 %	Kündigungsfrist: 3 Monate Sonderzins 1 %
Georg Geiger				
1783510/001	Bausparvertrag – Bausparsumme 40.000,00 EUR	H 12.627,87 EUR	H 1,0 %	Bonus 1 % auf Sparguthaben 40,00 EUR (5. VermBG), 42,60 EUR (WoPG) Bautarif
123 589 546	Sparbrief	H 5.000,00 EUR	H 2,00 %	Jährliche Verzinsung zugunsten Sparbuch Nr. 210 587 347 Laufzeit: 5 Jahre Ablauf: 18 Monate
820 654 328	Aktiendepot	40 Bayer Aktien Kaufkurs 72,80 EUR 2.912,00 EUR 40 Deutsche Bank Kaufkurs 36,60 EUR 1.464,00 EUR 50 Deutsche Post Kaufkurs 17,30 EUR 865,00 EUR 50 EON Kaufkurs 14,00 EUR 700,00 EUR 40 Lufthansa Kaufkurs 15,00 EUR 600,00 EUR		

Lösungsvorschläge mit wichtigen verkäuferischen und prüfungstaktischen Tipps finden Sie unmittelbar im Anschluss an diese Aufgabe.

Lösungsvorschläge

Was sollten Sie beim Gespräch beachten?

- Geben Sie Herrn Geiger als Erstes neueste Informationen zu den Kursen der neu gekauften Aktien. Dies wird ihn besonders interessieren, denn es handelt sich um seine erste Aktienanlage.

- Fragen Sie ihn, woher er seine Aktienkurse bezieht. Sicher empfindet er die Beobachtung der Kurse als spannend.

- Klären Sie eventuell aufgetretene Fragen zu seinen Aktienwerten oder zu Aktienwerten, die ihn interessieren.

- Machen Sie sich Aufzeichnungen zu den Themen Hauptversammlung, Stimmrecht und Versteuerung der Dividende.

- Achten Sie darauf, dass das Gespräch kein Monolog, sondern ein Dialog wird. Stellen Sie immer wieder Zwischenfragen, oder zeigen Sie Ihrem Kunden Informationsmaterial, damit Sie ihn in das Gespräch einbinden können.

- Auf den Bausparvertrag hatten Sie Herrn Geiger schon einmal angesprochen. Deshalb sollten Sie hier Zurückhaltung üben. Sie könnten ihm aber zusätzlich zu seiner Aktienanlage einen Aktienfonds anbieten. Vielleicht hat Herr Geiger festgestellt, dass die ständige Beobachtung der Aktienkurse aufwendig ist, dann hätten Sie gute Ansatzpunkte für den Fonds (Verwaltung durch Fachleute).

- Ein weiterer Ansatzpunkt ist seine private Altersvorsorge. Dies ist aufgrund der Heirat ein noch wichtigeres Thema geworden.

- Vergessen Sie nicht, Frau Geiger grüßen zu lassen.

Hauptversammlung einer AG

Welche fachlichen Inhalte können von Ihnen erwartet werden?

Gehen Sie auf die Fragen zur Hauptversammlung der Deutsche Bank AG ein und nutzen Sie dazu Ihre Übersichten zur Versteuerung der Dividende und zur Teilnahme einschließlich Stimmrechtsausübung bei der Hauptversammlung.

- Dividende

Evtl. sollten Sie Herrn Geiger (noch einmal) die Versteuerung der Dividende erklären.

Geschäftsjahr 20..	
Bardividende (Bruttodividende)	1,15 EUR
− 25 % Abgeltungsteuer	0,29 EUR
− 5,5 % Solidaritätszuschlag	0,02 EUR
= Nettodividende	0,84 EUR

Da die Dividendenerträge, zusammen mit den Zinseinkünften, den Freistellungsauftrag nicht überschreiten, erhält er die Bardividende (1,15 EUR) ausgezahlt.

Auch eventuelle Spekulationsgewinne unterliegen der Abgeltungsteuer. Sollten Geigers der Bank ihre Konfession angegeben haben, behält die Bank auch die anteilige Kirchensteuer ein. Dann beträgt der Abgeltungsteuersatz 24,51 % (8 % Kirchensteuer) bzw. 24,45 % (9 % Kirchensteuer). Beachten Sie hierzu bitte auch die Informationen auf Seite 49.

- Genehmigtes Kapital

Hier holt sich der Vorstand die Genehmigung, eine Kapitalerhöhung in Höhe von 1.000.000.000,00 EUR dann durchzuführen, wenn es nötig ist, beziehungsweise die Marktsituation geeignet ist. Damit erspart sich die Gesellschaft eine zusätzliche Hauptversammlung. Die Ermächtigung kann für höchstens fünf Jahre und für maximal die Hälfte des bisherigen Grundkapitals ausgesprochen werden.

- Hauptversammlung – Teilnahme und Stimmrechtsausübung
  - Möglichkeit 1: Der Kunde nimmt sein Stimmrecht selbst wahr. Dann besorgt ihm die Bank die Eintrittskarte und eventuell die erforderlichen Stimmrechtskarten.

Hauptversammlung einer AG

- Möglichkeit 2: Die Bank übt das Stimmrecht für den Kunden aus. Hier unterscheidet man die Einzelstimmrechtsvollmacht, sie gilt nur für die eine Hauptversammlung, und die allgemeine Stimmrechtsvollmacht.

Üblich ist die allgemeine Stimmrechtsvollmacht. Sie kann unbefristet erteilt werden. Der Kunde kann sie jederzeit widerrufen.

Der Kunde kann eigene Weisungen zu den einzelnen Punkten der Hauptversammlung geben. Normalerweise wird die Bank ihm eigene Vorschläge für die Ausübung des Stimmrechts geben. Dabei muss sie sich vom Interesse des Kunden leiten lassen. Schweigen des Aktionärs gilt als Zustimmung.

Die obige Vorgehensweise gilt auch bei Namensaktien, bei denen die Bank (Legitimationsaktionär) an Stelle des Aktionärs im Aktienregister eingetragen ist. Ist der Kunde dagegen im Aktienregister eingetragen, wird er direkt von der AG angeschrieben. Bei einer Stimmrechtsvollmacht muss er entweder Weisungen zu den einzelnen Punkten der Hauptversammlung erteilen oder die Bank übt das Stimmrecht gemäß den eigenen Vorschlägen aus. Sie macht dem Kunden ihre Vorschläge zugänglich (Internet, Electronic Banking).

Eine Mitteilung ist nur erforderlich, wenn die Bank von den Vorschlägen des Vorstands oder Aufsichtsrats abweicht.

Herr Geiger kann auch über das Internet an der Hauptversammlung teilnehmen. Hat er Mitarbeitern von Banken, Aktionärsvertretern oder Mitarbeitern der Aktiengesellschaft eine Vollmacht gegeben, kann er von seinem Computer aus elektronische Weisungen erteilen. Er kann die Vollmacht auch über das Internet erteilen. Dieser Weg wird immer mehr zum Standard. Damit verliert gleichzeitig die Vollmachtserteilung gegenüber der Bank zusehends an Bedeutung.

Fragen Sie Herrn Geiger zum Abschluss, ob er schon eine Entscheidung zur Hauptversammlung treffen kann. Verdeutlichen Sie ihm je nach Wahl den weiteren Verlauf.

Wenn noch Zeit ist, können Sie den Kunden auf Ihre Ideen (Fonds und Altersvorsorge) ansprechen. Reißen Sie die Themen nur an, wecken Sie sein Interesse und vereinbaren Sie einen neuen Termin.

Beratung – private Altersvorsorge (Riester-Rente)

Bieten Sie Herrn Geiger an, für seine Fragen auch immer telefonisch da zu sein.

4. Beratung – private Altersvorsorge (Riester-Rente)

Situation

Vor kurzem haben Sie erfahren, dass Eva und Georg Geiger Nachwuchs bekommen haben.

Nachdem Herr Geiger ein langjähriger Kunde von Ihnen ist, haben Sie bei Familie Geiger zu Hause angerufen und zur Geburt von Tochter Anne gratuliert. Sie haben Frau Geiger erzählt, dass bei Ihnen im Büro ein kleiner Willkommensgruß für das neue Familienmitglied bereitliegt und Sie sich über einen Besuch der gesamten Familie in der Bank sehr freuen würden. Im Verlauf des Gesprächs machten Sie Frau Geiger auf die Notwendigkeit einer privaten Absicherung aufmerksam – gerade aufgrund der neuen Familiensituation – und merkten an, dass der Staat sie dafür sogar belohne.

Durch Ihr Telefonat und erste Cross-Selling-Ansätze in dem letzten Gespräch mit Herrn Geiger neugierig geworden, hat das Ehepaar Geiger für heute einen Termin mit Ihnen vereinbart.

Informieren Sie die Eheleute über die Möglichkeiten der privaten Absicherung, gehen Sie dabei auch auf die staatlichen Zulagen ein und führen Sie das Beratungsgespräch.

Persönliche Angaben: Eva und Georg Geiger	
Eva Geiger	geb. Ehrenreich, 26 Jahre kaufmännische Angestellte bei einer Krankenkasse reist gern
Georg Geiger	27 Jahre technischer Angestellter eines Energieversorgers PC-Freak

Beratung – private Altersvorsorge (Riester-Rente)

Kontospiegel: Eva und Georg Geiger				
Kto.-Nr.	Kontoart	Kontostand	Zins	Sonstiges
				Freistellungsauftrag: 1.602,00 EUR
830 453 721	Girokonto (Oder-Konto)	H 3.212,84 EUR	S 11,0 %	2 MaestroCards, MasterCard für Georg Geiger
210 587 347	Sparbuch (Oder-Konto)	H 11.898,52 EUR	H 0,25 %	Kündigungsfrist: 3 Monate Sonderzins 1,0 %
Georg Geiger				
1783510/001	Bausparvertrag – Bausparsumme 40.000,00 EUR	H 12.627,87 EUR	H 1,0 %	Bonus 1,0 % auf Sparguthaben 40,00 EUR (5. VermBG), 42,60 EUR (WoPG) Bautarif
123 589 546	Sparbrief	H 5.000,00 EUR	H 2,00 %	Jährliche Verzinsung zugunsten Sparbuch Nr. 210 587 347 Laufzeit: 5 Jahre Ablauf: 16 Monate
820 654 328	Aktiendepot	40 Bayer Aktien Kaufkurs 72,80 EUR 2.912,00 EUR 40 Deutsche Bank Kaufkurs 36,60 EUR 1.464,00 EUR 50 Deutsche Post Kaufkurs 17,30 EUR 865,00 EUR 50 EON Kaufkurs 14,00 EUR 700,00 EUR 40 Lufthansa Kaufkurs 15,00 EUR 600,00 EUR		

Lösungsvorschläge mit wichtigen verkäuferischen und prüfungstaktischen Tipps finden Sie unmittelbar im Anschluss an diese Aufgabe.

Beratung – private Altersvorsorge (Riester-Rente)

Lösungsvorschläge

Was sollten Sie beim Gespräch beachten?

- Gratulieren Sie als Erstes den Eltern zum Nachwuchs und erkundigen Sie sich nach dem Wohlergehen von Kind, Mutter und Vater.

- Geben Sie den Willkommensgruß für die Tochter mit vielen Grüßen an die Eltern weiter und sprechen Sie über die neue Familiensituation.

- Legen Sie sich die Unterlagen zur privaten Altersvorsorge zurecht und bereiten Sie Modellberechnungen zur Verdeutlichung mit den Mindesteinzahlungen vor. Orientieren Sie sich bei diesen Modellberechnungen an den Informationen, die Ihnen zu den Gehaltszahlungen der Eheleute vorliegen (z. B. Kontoauszüge).

- Nutzen Sie die Visualisierungsmöglichkeiten der staatlichen Förderung (z. B. Geldscheine).

- Fragen Sie Frau und Herrn Geiger nach ihrem Wissen über die Riester-Rente. Machen Sie sich dabei Notizen und beraten Sie das Ehepaar nach den geäußerten persönlichen Wünschen und Zielen.

- Als Anschlussgeschäft bietet sich z. B. an, das Ehepaar Geiger auf den weit eingezahlten Bausparvertrag anzusprechen. Besteht der Wunsch nach einem Eigenheim, einem An- oder Umbau oder einer Eigentumswohnung? Wenn ja, macht es auch Sinn, die Eheleute über Wohn-Riester zu informieren. Dann könnten z. B. der Eigenbeitrag und die staatlichen Förderungen auf einen Bausparvertrag eingezahlt werden. Andere Möglichkeiten ergeben sich aus dem Sparkassenbrief, der in Kürze fällig wird, oder in einer Anlage für das Kind (Sparbrief, flexibler Sparvertrag, Ausbildungsversicherung …).

Welche fachlichen Inhalte können von Ihnen erwartet werden?

Informieren Sie sich mit vielen offenen Fragen über die Kenntnisse der Eheleute zum Thema Riester-Rente.

Beratung – private Altersvorsorge (Riester-Rente)

Erklären Sie den beiden die Säulen der Altersvorsorge und zeigen Sie die Versorgungslücke (3 %) auf, damit Frau und Herrn Geiger die Wichtigkeit des Themas bewusst wird.

Rechnen Sie dem Ehepaar auf einem (evtl. vorbereitetem) Blatt die Eigenbeträge und die staatlichen Zulagen vor. Denken Sie dabei auch an die Situation von Frau Geiger, die z. B. für einige Zeit nicht mehr in ihrem Beruf arbeiten könnte (Elternzeit). Vergessen Sie nicht die Kinderzulage für Anne. Zeigen Sie Ihren Kunden den Unterschied zwischen deren Einzahlungen für die Riester-Rente und den Zulagen auf – es rechnet sich.

Erklären Sie Frau Geiger die Änderungen, die sich ergeben, wenn sie wieder arbeiten gehen würde. Klären Sie, wer von beiden die Kinderzulage erhält.

IV

Information:

- Ist eine Ehefrau (oder ein Ehemann) nicht erwerbstätig und nicht sozialversicherungspflichtig, kann sie (er) trotzdem eigenständig für das Alter vorsorgen und somit die volle staatliche Förderung erhalten. Sie (er) muss lediglich einen Vertrag zur Altersvorsorge auf ihren Namen abschließen. Zahlt der sozialversicherungspflichtige Ehepartner seine Eigenbeträge, dann erhält auch sie (er) die Zulage von 154,00 EUR jährlich. Die mittelbar zulagenberechtigte Ehefrau muss dann aber den Sockelbeitrag von 60,00 EUR einzahlen.

  Beispiel nach der gesetzlichen Elternzeit:

  Herr Geiger zahlt den errechneten (besser einen höheren) Eigenbetrag und nimmt für sich nur seine Grundzulage in Anspruch. Dann erhält Frau Geiger ihre Grundzulage und eine Kinderzulage. Damit „zahlt sie" also für ihre eigene Altersvorsorge jährlich 154,00 EUR und 300,00 EUR und 60,00 EUR.

- Hat die Frau Kinder unter drei Jahren, erwirbt sie in dieser Zeit automatisch eigene Rentenansprüche. Um die volle Förderung zu erhalten, muss sie mindestens den Sockelbetrag leisten. Ist die gesetzliche dreijährige Kindererziehungszeit vorbei, gilt wieder die obige Regelung.

Beratung – private Altersvorsorge (Riester-Rente)

> Beispiel während der gesetzlichen Elternzeit (letztes Bruttogehalt 2.150,00 EUR, Elternzeit ab 1. März 20..):
> Frau Geiger erhält wie oben eine Grundzulage und den Kinderfreibetrag.
> Rechnung: 2.150,00 x 2 x 4 % = 172,00 EUR
> - Grundzulage 154,00 EUR
> - Kinderzulage 300,00 EUR
> = (Mindest-)Eigenbetrag 60,00 EUR
> Da sie einen eigenen Rentenanspruch hat, muss sie hier noch den Sockelbetrag von 60,00 EUR jährlich einzahlen.

Für die Berechnung benötigen Sie das steuerpflichtige Einkommen des Vorjahres. Sollten die Kunden keine konkreten Zahlen zur Hand haben, arbeiten Sie mit Circa-Werten.

Daten zu Zulagen und Sonderausgabenabzug

Veranlagungszeitraum	Grundzulage	Kinderzulage	Mindesteigenbetrag	Höchstbetrag	Sockelbetrag	Sonderausgabenabzug (höchstens)
ab 2008	154 EUR	185 EUR	4 %	2.100 EUR	60 EUR	2.100 EUR

Für Kinder, die ab 2008 geboren wurden, erhöht sich die Kinderzulage auf 300,00 EUR. Stellen Sie den Kunden verschiedene Anlagemöglichkeiten (Vertragsarten) vor. Gehen Sie kurz auf die Merkmale und die Vorteile dieser Möglichkeiten ein.

Wahrscheinlich macht es Sinn, wenn die Eheleute die Einzahlungen auf jeweils 2.100,00 EUR einschließlich der Förderung erhöhen, um den höheren Steuergewinn zu vereinnahmen. Hierzu benötigen Sie den Grenzsteuersatz der Eheleute.

Befragen Sie Ihre Kunden zu den Anlagemöglichkeiten und nach ihren Meinungen. Erkennen Sie Anlagetendenzen, können Sie in die tiefere Beratung einsteigen. Sind Ihre Kunden noch unentschlossen, geben Sie ihnen Entscheidungshilfen, indem Sie markante Unterschiede aufzeigen.

Beratung – private Altersvorsorge (Riester-Rente)

Denken Sie auch an die Fördermöglichkeiten von Wohn-Riester. Vielleicht haben die Eheleute Interesse daran, hier noch einen zusätzlichen Bausparvertrag abzuschließen.

Sie sollten in jedem Fall über die Anlagemöglichkeiten in eine Lebensversicherung, einen Fonds bzw. einen bankeigenen Sparvertrag gut informiert sein, die jeweiligen Anlagemerkmale kundenorientiert aufzeigen und die Vor- aber auch die Nachteile nennen können. Da Sie Herrn Geiger als wertpapierinteressiert kennen gelernt haben, müssen Sie schwerpunktmäßig mit Fragen zu den Fondsangeboten (Wertpapierfonds, Dachfonds) Ihrer Bank rechnen.

Wenn noch Fragen offen sind, klären Sie diese mit Ihren Kunden. Schließen Sie nach Möglichkeit gleich die Verträge ab oder vereinbaren Sie einen zeitnahen Termin zum Vertragsabschluss. Drängen Sie die guten Kunden aber nicht zum Abschluss. Sind die Kunden noch unentschlossen, geben Sie ihnen Unterlagen zur Entscheidungshilfe mit.

Bevor Ihre Kunden gehen, gratulieren Sie den beiden zu der guten Entscheidung, etwas für ihre private Absicherung getan zu haben oder tun zu wollen.

Denken Sie aber daran, dass Ihre Vorschläge zur Riester-Rente nur eine Lücke in der Versorgung schließen. Für eine optimale Absicherung im Alter müssten die Eheleute noch mehr tun. Sie könnten z. B. aufbauend auf die abgeschlossene Beratung ein zweites Gespräch vereinbaren.

Sprechen Sie evtl. noch kurz den Bausparvertrag oder den bald fälligen Sparbrief an. Welche Ziele verfolgen Ihre Kunden hier?

Oder fragen Sie, ob sich das Ehepaar Geiger vorstellen kann, auch für ihre Tochter Anne vorzusorgen. Geben Sie den jungen Eltern einige interessante Aspekte mit auf den Weg und vereinbaren Sie einen neuen Termin. Bis dahin können sich die beiden überlegen, welche Wünsche und Vorstellungen sie haben.

Bedanken Sie sich bei Ihren Kunden für das Gespräch und wünschen der jungen Familie alles Gute für die gemeinsame Zukunft.

Beratung – private Altersvorsorge (Riester-Rente)

Information:

Mögliche Förderung beim Erwerb von Wohneigentum (Wohn-Riester):

- Ansparung und spätere Tilgung von Bausparverträgen
- Tilgungsleistungen auf einem Darlehensvertrag
- Tilgung und Sparleistungen bei der Vorfinanzierung eines Bausparvertrages
- Nutzung angesparter Rieser-Beiträge zur Tilgung eines Kredites

Musikverein Obertrubach e.V.

1. Eröffnung eines Kontos für einen Verein 88
2. Darlehen mit Bürgschaft 92

1. Eröffnung eines Kontos für einen Verein

Situation

Ohne Voranmeldung kommt Herr Geiger zu Ihnen und will ein Konto für den Musikverein Obertrubach e.V. eröffnen. Der Verein hat inzwischen auch in Bamberg so viele Mitglieder, dass die Kontoeröffnung sinnvoll erscheint.

Über das Konto soll der Zahlungseinzug für einen Teil der Mitglieder erfolgen.

Eröffnen Sie das Konto für den Musikverein Obertrubach e.V. und bieten Sie Herrn Geiger Möglichkeiten für den Zahlungseinzug.

Führen Sie das Beratungsgespräch. Herr Geiger ist langjähriger Kunde der AZUBI-Bank.

Vereinsregisterauszug		
a) Name des Vereins b) Ort der Niederlassung	Vorstand	Rechtsverhältnisse
a) Musikverein Obertrubach e.V. b) Obertrubach, Am Trubach 13	**1. Vorstand:** Georg Geiger, Bamberg **2. Vorstand:** Frieda Fiedel, Obertrubach Kassierer: Harry Horn, Untertrubach	Eingetragener Verein Beginn am 21. April 2005 Der Verein wird durch den 1. Vorstand allein und durch den 2. Vorstand und den Kassierer gemeinsam vertreten.

Lösungsvorschläge mit wichtigen verkäuferischen und prüfungstaktischen Tipps finden Sie unmittelbar im Anschluss an diese Aufgabe.

Eröffnung eines Kontos für einen Verein

Lösungsvorschläge

Was sollten Sie beim Gespräch beachten?

- Fragen Sie Herrn Geiger nach den Gründen für die Kontoeröffnung bei der AZUBI-Bank. Knüpfen Sie an eines der vorherigen Beratungsgespräche (Privatkonten der Eheleute Geiger werden bei uns geführt) mit Herrn Geiger an.
- Empfinden Sie es als grundsätzliches Vertrauen zur AZUBI-Bank, dass Herr Geiger jetzt auch für den Musikverein Obertrubach e.V. ein Konto eröffnet.
- Da es sich bei dem Musikverein Obertrubach e.V. um einen Neukunden handelt, nutzen Sie die Möglichkeit, im Gespräch Informationen über den Verein zu sammeln. Sollten Sie selbst ein Instrument spielen, bringen Sie das in das Gespräch ein. Fragen Sie auch nach den Aktivitäten des Vereins: Auftritte, Veranstaltungen usw.
- Erstellen Sie für Herrn Geiger eine Übersicht über alle noch notwendigen Handlungen/Unterlagen für die Kontoeröffnung.
- Fragen Sie ihn auch, wo für den Verein bisher das Konto geführt wurde. Vielleicht ergibt sich später einmal die Möglichkeit, die Konten bei der anderen Bank einzuziehen.
- Wenn Ihnen keine Vertragsunterlagen zur Verfügung stehen, reicht es durchaus aus, wenn Sie unbeschriebene Blätter verwenden. Lassen Sie Herrn Geiger auf diesen Blättern unterschreiben.
- Mit Ihrer Vereinssoftware könnte das Lastschriftverfahren und die Verwaltung der Bamberger Mitglieder erledigt werden. Da Sie wissen, dass Herr Geiger computerinteressiert ist, lässt sich hier sehr gut ein Anschlussgeschäft anbahnen.

Welche fachlichen Inhalte können von Ihnen erwartet werden?

Klären Sie zu Beginn des Gesprächs die Vorstellungen des Musikvereins zur Kontoführung. So können Sie dem Kunden leichter das geeignete Kontenmodell einschließlich der Kostenregelung vorstellen.

Prüfen Sie anhand des Vereinsregisterauszugs (beglaubigt, neueres Datum), ob Herr Geiger vertretungsberechtigt ist. Dies ist der Fall,

Eröffnung eines Kontos für einen Verein

denn er ist 1. Vorstand und laut Register alleinvertretungsberechtigt. Ohne diesen Hinweis könnten die Vorstände eines Vereins den Verein nur gemeinsam vertreten.

Prüfen Sie dann die persönliche Legitimation (Ausweis, Pass) von Georg Geiger. Machen Sie sich eine Kopie vom Ausweis (Pass). Sie können die Daten aus der privaten Kontoverbindung übernehmen.

Fertigen Sie eine Unterschriftsprobe für die Kontounterlagen an.

Der 2. Vorstand Frieda Fiedel und der Kassierer Harry Horn vertreten den Verein auch, allerdings gemeinsam. Damit sie das auch gegenüber der Bank können, benötigen Sie auch von diesen zwei Personen die persönliche Legitimation und Unterschriftsproben. Notieren Sie für Herrn Geiger das nötige Vorgehen und vereinbaren Sie einen Termin (eventuell zu dritt). Sie können die Unterlagen aber auch zur Unterschrift mitgeben.

Das Konto wird gemäß Vereinsregisterauszug auf „Musikverein Obertrubach e.V." lauten.

Da die Eröffnung eines Girokontos auch einen Zahlungsdiensterahmenvertrag beinhaltet, müssten Sie vorweg der Kundin vorvertragliche Informationen zu dem Rahmenvertrag geben. Dadurch würde aber viel Zeit für die eigentliche Beratung verloren gehen. Sprechen Sie deshalb das Thema an, näher können Sie im nächsten Gespräch darauf eingehen.

Erledigen Sie dann die nötigen Schritte für das Einzugsermächtigungsverfahren. Dabei können Sie davon ausgehen, dass Herr Geiger Erfahrungen mit diesem Verfahren hat. Erklären Sie ihm das Verfahren deshalb nur in groben Zügen.

Die Mitglieder des Vereins haben dem Verein eine schriftliche Einzugsermächtigung gegeben (ab 1. Februar 2014 ein SEPA-Lastschriftmandat). Jetzt kann der Verein bei Fälligkeit die Vereinsbeiträge mittels Lastschrift einziehen. Dazu reicht er bei der AZUBI-Bank Lastschriften ein.

Sie müssen von Herrn Geiger die „Vereinbarung über den Einzug von Forderungen mittels Lastschrift" unterschreiben lassen. Inhalt dieser Vereinbarung ist, dass der Verein nur dann Belege oder Datensätze einreicht, wenn ihm eine schriftliche Ermächtigung des Zahlungspflichtigen vorliegt. Auf Verlangen hat der Zahlungsempfänger der Bank die Einzugsermächtigungen vorzulegen.

Eröffnung eines Kontos für einen Verein

Rechnen Sie auch mit weiteren Fragen zum Lastschriftverfahren, z. B. Rückgabe mangels Deckung, Widerspruch bei der Einzugsermächtigung, Kosten, Abbuchungsauftrag.

Wichtig: Hat der Kunde eine Belastungsbuchung nicht schon genehmigt, so hat er Einwendungen gegen diese Belastungsbuchung spätestens innerhalb von acht Wochen ab dem Belastungsdatum zu erheben.

Fragen Sie Herrn Geiger auf jeden Fall, ob der Verein eine Zahlungsverkehrssoftware besitzt, mit der die Lastschriften als Datensätze online oder per Datenträger bei der Bank eingereicht werden können. Wenn das nicht der Fall ist, bieten Sie ihm eine solche Software (kostenlos) einschließlich einer kleinen Einführung in das Programm an.

Beschreiben Sie die Vorteile des beleglosen Verfahrens (z. B. Arbeits- und Zeitersparnis).

Hinweis: Mit den neuen Bedingungen für Einzugsermächtigungen ist die Zahlungsform SEPA-fest. Der Zahlungspflichtige erteilt eine Doppelweisung (an den Zahlungsempfänger und an sein Kreditinstitut). Außerdem ist die Widerrufsfrist auf acht Wochen ab der Belastung gekürzt.

Damit ist der Übergang zur SEPA-Lastschrift fließend. Notwendig ist nur, dass der Kunde den Zahler über den Wechsel unter Angabe von Gläubiger-Identifikationsnummer und Mandatsreferenz in Textform unterrichtet. Zusätzlich wird er den Zahler bitten, die errechnete IBAN zu kontrollieren.

Viele Banken bieten Vereinen eine Vereinssoftware oder eine Vereinsverwaltung an. Hierbei erledigt die Software (Bank) nicht nur den Zahlungsverkehr, sondern auch die Verwaltung der Mitgliederdatei. Es können z. B. Listen der Mitglieder, sortiert nach unterschiedlichen Kriterien wie etwa Geburtstage, ausgedruckt werden und Serienbriefe an die Mitglieder erstellt werden. Bieten Sie Herrn Geiger diese Software beziehungsweise diesen Service an.

Geben Sie Herrn Geiger für Frau Fiedel und Herrn Horn Visitenkarten mit. Wurde ein Termin vereinbart, kann dieser auf der Rückseite vermerkt werden. Sagen Sie Herrn Geiger auch, dass Sie sich freuen, die anderen Vorstände kennen zu lernen.

Lassen Sie auch Frau Geiger grüßen. Fragen Sie nach, wie es ihr geht.

2. Darlehen mit Bürgschaft

> **Situation**

Georg Geiger, der Vorstandsvorsitzende des Musikvereins Obertrubach e.V., hat bei Ihnen vor kurzem ein Vereinskonto eröffnet. Jetzt hat sich Herr Geiger zu einem Kreditgespräch angemeldet.

Sie wissen aus Ihrem ersten Gespräch, dass der Verein kein nennenswertes Vermögen hat. Die Probenräume werden von der Gemeinde gestellt, die Mitglieder kaufen sich ihre Instrumente in der Regel selbst, und der Zeitwert der sich im Eigentum des Vereins befindlichen Instrumente, Notenständer usw. wird auf 3.000,00 EUR geschätzt.

Um die Nachwuchsarbeit zu verbessern, möchte der Verein für 20.000,00 EUR Instrumente anschaffen, die jungen Musikern zwei Jahre lang gegen eine geringe Gebühr zur Verfügung gestellt werden sollen. 10.000,00 EUR kann der Verein aus seinem Sparvermögen (nicht bei der AZUBI-Bank) beisteuern, den Rest benötigt er als Darlehen.

Die Jahreseinnahmen aus den Mitgliedsbeiträgen belaufen sich auf ca. 50.000,00 EUR. Zusätzlich erwirtschaftet der Verein aus Konzerten noch pro Jahr etwa netto 10.000,00 EUR.

Auf der Ausgabenseite stehen ca. 45.000,00 EUR für die Bezahlung der musikalischen Leiter und etwa 10.000,00 EUR für gemeinsame Veranstaltungen (Fahrten, Freizeiten usw.).

Herr Geiger würde auch privat für das Darlehen haften. Das hat er Ihnen bereits vorab am Telefon gesagt.

Führen Sie das Gespräch. Rechnen Sie die möglichen Belastungen aus und erklären Sie benötigte Sicherheiten. Sollten Sie sich für die Kreditvergabe entscheiden, schließen Sie den Darlehensvertrag ab.

> **Angaben zum Musikverein Obertrubach e.V.**

Georg Geiger	Vorstandsvorsitzender, allein vertretungsberechtigt
2. Vorstand Frieda Fiedel und Kassierer Harry Horn	gemeinsam vertretungsberechtigt

Darlehen mit Bürgschaft

Kontospiegel: Musikverein Obertrubach e.V.				
Kto.-Nr.	Kontoart	Kontostand	Zins	Sonstiges
210 503 408	Girokonto	H 854,23 EUR	S 9,5 %	1 MaestroCard

Lösungsvorschläge mit wichtigen verkäuferischen und prüfungstaktischen Tipps finden Sie unmittelbar im Anschluss an diese Aufgabe.

Lösungsvorschläge

Was sollten Sie beim Gespräch beachten?

- Die Kontobeziehung ist neu. Deshalb fragen Sie Herrn Geiger nach seiner Zufriedenheit mit der bisherigen Kontoführung. Wurden die eingereichten Lastschriften eingelöst? Hat er noch Fragen zu dem Vereinsprogramm, das Sie ihm zur Verfügung gestellt haben?
- Zeigen Sie ihm Ihre Zufriedenheit darüber, dass Herr Geiger wegen der Kreditaufnahme in der AZUBI-Bank nachfragt.
- Lassen Sie sich den Grund für das Darlehen ruhig noch einmal erzählen. So erfahren Sie mehr über den Verein.
- Machen Sie während des Gesprächs Notizen. So erkennt Herr Geiger, dass Sie sich auf seinen Fall konzentrieren.
- Entscheiden Sie sich im Vorfeld, ob Sie Herrn Geiger als Bürgen akzeptieren. Ersparen Sie sich die Peinlichkeit der Kreditwürdigkeitsprüfung während des Gesprächs. Herr Geiger ist langjähriger Kunde der AZUBI-Bank.
- Erstellen Sie vor dem Gespräch Aufzeichnungen, die Ihrem Kunden die Sachlage verdeutlichen.
- Suchen Sie aus Ihren Unterlagen die geläufigen Konditionen heraus.
- Schließen Sie die Verträge auf Blankopapier ab.
- Versuchen Sie auch einen Sparvertrag mit dem Verein abzuschließen. Ein Sparvermögen würde die Sicherheit (AGB-Pfandrecht) erhöhen.
- Lassen Sie die anderen Mitglieder der Vorstandschaft und Frau Geiger grüßen.

Darlehen mit Bürgschaft

Welche fachlichen Inhalte können von Ihnen erwartet werden?

Sicher können Sie das Darlehen vergeben. Der Verein erwirtschaftet pro Jahr etwa 5.000,00 EUR Überschuss. Die entsprechende Einnahmen- und Ausgabenrechnung sollten Sie mit Herrn Geiger noch einmal durchsprechen. Aus dem Überschuss können die Tilgungen geleistet werden. Außerdem ist Herr Geiger bereit, für die Schuld zu bürgen. Er ist Ihnen als guter Kunde mit einem ausreichenden Vermögen bekannt. Sagen Sie das dem Kunden auch deutlich, denn die positive Kreditentscheidung wertet ihn auf und gibt Vertrauen.

- Darlehen

Der Kredit könnte in drei Jahren getilgt werden. Geeignet ist ein Abzahlungs- oder ein Annuitätendarlehen. Leichter zu berechnen ist ein Abzahlungsdarlehen. Gehen wir von einem Zinssatz in Höhe von 6,0 % aus (bitte verwenden Sie die hauseigenen Konditionen), ergeben sich folgende Rechnungen:

– Abzahlungsdarlehen:

Tilgung pro Monatsrate = 277,78 EUR

Zins im 1. Monat = 50,00 EUR

Da die Zinsen immer vom Restkredit gerechnet werden, sinken die Raten.

Zur Information:
Abzahlungsdarlehen – monatliche Tilgungsverrechnung

Monat	Restdarlehen	Tilgung	Zins	Rate
1	10.000,00 EUR	277,78 EUR	50,00 EUR	327,78 EUR
2	9.722,22 EUR	277,78 EUR	48,61 EUR	326,39 EUR
3	9.444,44 EUR	277,78 EUR	47,22 EUR	325,00 EUR
4	9.166,67 EUR	277,78 EUR	45,83 EUR	323,61 EUR
34	833,33 EUR	277,78 EUR	4,17 EUR	281,94 EUR
35	555,56 EUR	277,78 EUR	2,78 EUR	280,56 EUR
36	277,78 EUR	277,78 EUR	1,39 EUR	279,17 EUR

Darlehen mit Bürgschaft

- Annuitätendarlehen:

  Tilgung 31 % pro Jahr = Monatsrate = 258,33 EUR

  Zins im 1. Monat = 50,00 EUR

  Die Rate bleibt fest bei 308,33 EUR pro Monat. Durch die Tilgungen nimmt der Zinsanteil in der Annuität ab und der Tilgungsanteil stetig zu. Nach 36 Monaten ist der Kredit getilgt.

Zur Information:
Abzahlungsdarlehen – monatliche Tilgungsverrechnung

Monat	Restdarlehen	Tilgung	Zins	Rate
1	10.000,00 EUR	258,33 EUR	50,00 EUR	308,33 EUR
2	9.741,67 EUR	259,62 EUR	48,71 EUR	308,33 EUR
3	9.482,05 EUR	260,92 EUR	47,41 EUR	308,33 EUR
4	9.221,13 EUR	262,22 EUR	46,11 EUR	308,33 EUR
34	756,52 EUR	304,55 EUR	3,78 EUR	308,33 EUR
35	451,97 EUR	306,07 EUR	2,26 EUR	308,33 EUR
36	145,90 EUR	145,90 EUR	0,73 EUR	308,33 EUR

Pro Jahr muss der Verein also mit etwa 3.800,00 EUR Zahlungen rechnen. Dies ist beim genannten Überschuss möglich. Fragen Sie den Kunden, ob er mit dieser Belastung gerechnet hat. Sie können Herrn Geiger natürlich auch einen längeren Tilgungszeitraum anbieten (vier bis fünf Jahre).

- Darlehenssicherung

Als Sicherheit kommt eine selbstschuldnerische Bürgschaft in Frage. Bei dieser Sicherheit haftet Herr Geiger mit seinem Privatvermögen für den Darlehensbetrag. Kommt der Verein seinen monatlichen Zahlungen bei Fälligkeit nicht nach, muss der Bürge eintreten. Exakt bedeutet Fälligkeit, dass die Bank den Darlehensvertrag wegen

Darlehen mit Bürgschaft

Zahlungsverzugs gekündigt und damit fällig gestellt hat. Natürlich nimmt die Haftung (Restdarlehensbetrag) mit jeder Tilgung ab.

Wenn Herr Geiger mit den Bedingungen einverstanden ist, müssen Sie mit ihm einen Darlehens- und einen Sicherungsvertrag (Bürgschaft) abschließen. Vergessen Sie die Zweckerklärung nicht. In Frage kommt hier nur eine Zweckerklärung mit engem Sicherungszweck. Das bedeutet, der Zweck der Bürgschaft ist die Absicherung des Kreditvertrages über 10.000,00 EUR. Damit ist für Herrn Geiger auch vertraglich geregelt, dass er nicht für andere Schulden des Vereins bürgt.

- Anschlussgeschäfte

Grundsätzlich ist es für die AZUBI-Bank besser, wenn die gesamte Kontoverbindung des Vereins bei ihr liegt. Auf jeden Fall sollten Sie vorsichtig versuchen, das Sparkonto auf die Bank zu übertragen oder ein Sparkonto zu eröffnen. Das würde die Sicherheiten der Bank stärken, denn die Konten haften nach den AGB für die Verbindlichkeiten des Vereins.

Lassen Sie dabei nicht den Eindruck entstehen, sie seien mit den vorhandenen Sicherheiten nicht zufrieden. Schließlich ist Herr Geiger auch ein guter Privatkunde. Also argumentieren Sie in Richtung Arbeits- und Kostenersparnis, wenn alle Konten des Vereins in einer Hand liegen.

Zeigt Herr Geiger Interesse, ein Sparkonto für den Verein zu eröffnen, sollten Sie auch nach einer eventuellen Nichtveranlagungsbescheinigung beziehungsweise einem Freistellungsauftrag fragen.

Falls Herr Geiger sich noch ein Gegenangebot einholen möchte, was legitim ist, zeigen Sie sich nicht enttäuscht. Erklären Sie ihm, dass Ihr Angebot gut ist und dass Sie sich freuen, wenn das Geschäft zustande kommt. Fragen Sie nach, wann Sie sich bei ihm noch einmal melden dürfen. Bleiben Sie auf jeden Fall am Ball, denn Sie wollen den Neukunden doch weiter betreuen.

Verabschieden Sie sich von Herrn Geiger und wünschen Sie ihm viel Erfolg bei seinem Vorhaben. Natürlich können Sie mit ihm auch noch ein wenig über das Thema Jugendarbeit plaudern.

Elisabeth Friesner, 17 Jahre alt

1. Girokontoeröffnung für Minderjährige 98
2. Staatliche Förderung 101
3. MaestroCard mit Homebanking 106
4. Bausparen in der Ansparphase 111
5. Mietkautionskonto 116

1. Girokontoeröffnung für Minderjährige

Situation

Frau Elisabeth Friesner, 17 Jahre alt, beginnt in einigen Wochen eine Ausbildung zur Industriekauffrau bei der Firma Robert Bosch GmbH.

Elisabeth kommt zu Ihnen und bittet Sie um die Eröffnung eines Gehaltskontos.

Beraten Sie Frau Friesner wegen des richtigen Kontos. Gehen Sie auf ihre Fragen ein und nutzen Sie die Cross-Selling-Möglichkeiten.

Persönliche Angaben: Elisabeth Friesner

Elisabeth Friesner	17 Jahre
	alleinstehend
	Mittlere Reife
	Eltern im Hause weniger bekannt

Kontospiegel: Elisabeth Friesner

Kto.-Nr.	Kontoart	Kontostand	Zins	Sonstiges
				Freistellungsauftrag: 801,00 EUR
582 357 445	Sparkonto	H 4.374,62 EUR	H 0,25 %	Kündigungsfrist 3 Monate
123 456 789	Sparbrief	H 4.678,56 EUR	H 2,25 %	Ablauf in 6 Monaten, abgezinst, Nennwert 5.000,00 EUR, Laufzeit 4 Jahre

Lösungsvorschläge mit wichtigen verkäuferischen und prüfungstaktischen Tipps finden Sie unmittelbar im Anschluss an diese Aufgabe.

Girokontoeröffnung für Minderjährige

Lösungsvorschläge

Was sollten Sie beim Gespräch beachten?

- Stellen Sie sich vor, damit Frau Friesner die Möglichkeit hat, Sie kennen zu lernen, und fragen Sie Ihre Kundin nach dem Namen.

- Nutzen Sie die Kontaktphase, um über z. B. die Schule, die Lehre und den Arbeitgeber beziehungsweise die momentane freie Zeit zu sprechen.

- Erklären Sie der Kundin, dass Sie sich freuen, dass sie zur Beratung in die AZUBI-Bank gekommen ist.

- Wenn die Eltern beziehungsweise die Familie bereits Kunden bei Ihnen sind, knüpfen Sie Verbindungen.

- Denken Sie an Anschlussgeschäfte. Hier bietet sich an erster Stelle die Anlage nach dem 5. Vermögensbildungsgesetz und Wohnungsbauprämiengesetz an. Außerdem ist z. B. ein Spardauerauftrag möglich. Ein weiterer Aspekt ist sicherlich die Altersvorsorge mit der Riester-Förderung.

- Bieten Sie an, dass Frau Friesner sich gerne bei Fragen an Sie wenden darf.

Welche fachlichen Inhalte können von Ihnen erwartet werden?

Klären Sie im Vorfeld ab,

- was Frau Friesner mit dem Konto alles erledigen möchte
- wem sie Vollmacht über ihr Konto erteilen möchte

Erklären Sie Frau Friesner, dass ihre Eltern in die Kontoeröffnung und in Verfügungen einwilligen müssen. Dies geschieht durch die Unterschrift auf dem Kontovertrag. Die Eltern dürfen jederzeit über das Konto verfügen. Außerdem können sie Regelungen zum Verfügungsrecht der Tochter vornehmen.

Girokontoeröffnung für Minderjährige

Rechtlich ist Frau Friesner beschränkt geschäftsfähig. Verträge, die sie abschließt (außer mit dem Taschengeld), sind schwebend unwirksam.

Geben Sie Ihrer Kundin Informationen zur Kundenkarte bzw. girocard ohne Überziehungsmöglichkeit und über die Abwicklung des Zahlungsverkehrs.

Grundsätzlich können Sie der Kundin weder eine girocard mit Überziehungsmöglichkeit noch eine Kreditkarte ausgeben, denn mit diesen Karten ist es möglich, das Konto zu überziehen. Überziehungen stellen aber eine Kreditaufnahme dar, die nur mit Einwilligung der Eltern und des Familiengerichts erfolgen darf. Gleiches gilt für die Ausgabe von Schecks an Minderjährige. Ausnahme sind Prepaid-Kreditkarten. Diese werden mit einem bestimmten Betrag aufgeladen, über den dann die Kundin verfügen kann.

Mit der Unterschrift auf dem Kontoeröffnungsantrag akzeptiert Frau Friesner auch die Allgemeinen Geschäftsbedingungen (AGB). Klären Sie hierzu alle Fragen der Kundin.

Sprechen Sie die Legitimation an. Lassen Sie sich den Personalausweis geben und denken Sie an die Ausweise der Eltern beziehungsweise der Bevollmächtigten.

Fragen Sie Frau Friesner, ob sie Interesse am „Onlinebanking" hat. Nennen Sie die Voraussetzungen und Möglichkeiten. Sprechen Sie auch die Kosten an.

Bereiten Sie die Formalitäten vor und vereinbaren Sie einen festen Termin zusammen mit den Eltern oder geben Sie die Unterlagen mit nach Hause.

Auf jeden Fall sollten Sie Frau Friesner auf die staatlichen Unterstützungsmöglichkeiten bei der Anlage von Geldern ansprechen. Je nach dem, wie viel Zeit Sie noch haben, machen Sie die Kundin nur neugierig oder geben ihr einen Überblick über die Förderungsmöglichkeiten. Das Thema kann dann im vereinbarten Gespräch (eventuell mit den Eltern) vertieft werden.

Da die Eröffnung eines Girokontos auch einen Zahlungsdiensterahmenvertrag beinhaltet, müssten Sie vorweg der Kundin vorvertragliche Informationen zu dem Rahmenvertrag geben. Dadurch würde aber viel Zeit für die eigentliche Beratung verloren gehen. Sprechen Sie deshalb vorweg das Thema an.

2. Staatliche Förderung

Situation

Elisabeth Friesner war vor kurzem bei Ihnen wegen der Eröffnung eines Gehaltskontos. In der Zwischenzeit hat sie ihre Lehre begonnen.

Sie hat einige Fragen zur Anlage der vermögenswirksamen Leistungen.

Sie haben telefonisch einen Termin vereinbart.

Gehen Sie auf die Fragen von Elisabeth ein und suchen Sie die geeignete Anlageform aus.

Führen Sie das Beratungsgespräch und nutzen Sie Möglichkeiten für Zusatzgeschäfte.

Persönliche Angaben: Elisabeth Friesner	
Elisabeth Friesner	17 Jahre
	alleinstehend
	Lehre zur Industriekauffrau bei der Robert Bosch GmbH

Staatliche Förderung

Kontospiegel: Elisabeth Friesner				
Kto.-Nr.	Kontoart	Kontostand	Zins	Sonstiges
				Freistellungsauftrag: 801,00 EUR
348 732 103	Girokonto	H 216,45 EUR	H 0,20 %	Kundenkarte bzw. girocard ohne Überziehungsmöglichkeit Volljährig in 3 Monaten
582 357 445	Sparkonto	H 4.425,82 EUR	H 0,25 %	Kündigungsfrist 3 Monate
123 456 789	Sparbrief	H 4.825,84 EUR	H 2,25 %	Ablauf in 4 Monaten, abgezinst, Nennwert 5.000,00 EUR, Laufzeit 4 Jahre

Lösungsvorschläge mit wichtigen verkäuferischen und prüfungstaktischen Tipps finden Sie unmittelbar im Anschluss an diese Aufgabe.

Staatliche Förderung

Lösungsvorschläge

Was sollten Sie beim Gespräch beachten?

- Gehen Sie am Anfang des Gesprächs auf das Telefonat ein. Frau Friesner hatte vor einigen Wochen das Girokonto eröffnet. Auch hieran lässt sich ein Gespräch anbinden.

- Mögliche Kontaktthemen sind die Lehrstelle, der Betrieb, die Berufsschule, das erste Gehalt (was hat sie sich dafür geleistet?) und der bevorstehende 18. Geburtstag. Sicher wird Frau Friesner bald ihren Führerschein machen.

- Bereiten Sie die Prospekte Ihrer Bank zum Thema Vermögensbildung vor. Sie sollten sich mit diesen Prospekten auskennen. Persönlicher wirkt eine eigene Aufstellung über die möglichen staatlichen Unterstützungen.

- Mögliche Anschlussgeschäfte: Für die Finanzierung von z. B. Führerschein, Urlaub, Auto könnte ein Spardauerauftrag abgeschlossen werden. Außerdem läuft der Sparbrief bald ab. Was will Frau Friesner mit dem Geld machen? Mit dem 18. Geburtstag wird auch das Konto auf Volljährigkeit umgestellt. Was bedeutet das für Elisabeth Friesner? Ein weiterer Aspekt ist sicherlich die Altersvorsorge mit der Riester-Förderung.

Welche fachlichen Inhalte können von Ihnen erwartet werden?

Klären Sie mit Ihrer Kundin, was sie bisher über vermögenswirksame Leistungen weiß. Schließen Sie die Informationslücken.

Fragen Sie nach ihren Wünschen und nach dem Betrag, den der Arbeitgeber dazu zahlt (max. 40,00 EUR).

Sagen Sie Frau Friesner, dass Sie sich Notizen machen, damit Sie ihr das für sie beste Angebot machen können.

Stellen Sie Frau Friesner die unterschiedlichen Möglichkeiten einschließlich der staatlichen Förderung vor:

Staatliche Förderung

- Bausparen (Förderung nach dem 5. Vermögensbildungsgesetz)

9 % Arbeitnehmer-Sparzulage auf maximal 470,00 EUR Sparleistung pro Jahr = 43,00 EUR (hier darf aufgerundet werden) staatliche Unterstützung. Eventuell zahlt der Arbeitgeber einen Teil beziehungsweise die gesamte Sparleistung (Tarifvertrag).

- Fondssparen (Förderung nach dem 5. Vermögensbildungsgesetz)

20 % Arbeitnehmer-Sparzulage auf maximal 400,00 EUR Sparleistung pro Jahr = 80,00 EUR staatliche Unterstützung

- Bausparen (Förderung nach dem Wohnungsbauprämiengesetz)

8,8 % Wohnungsbauprämie auf maximal 512,00 EUR Sparleistung pro Jahr = 45,06 EUR staatliche Unterstützung

Nutzt Frau Friesner alle staatlichen Unterstützungen, so erhält sie ein Geldgeschenk von 168,06 EUR.

Gehen Sie noch nicht auf Tarife oder einzelne Fonds ein. Zeichnen Sie Ihrer Kundin zur Unterstützung die einzelnen Anlageformen auf. Nennen Sie die Vorteile und geben Sie einen Überblick mit Eigenleistung und Förderung in EUR und Prozent.

Wenn sie Interesse an den Anlagen hat, gehen Sie Schritt für Schritt weiter vor. Suchen Sie gemeinsam einen Bauspartarif aus. Klären Sie Fragen, die Frau Friesner zum Bausparen hat (Verwendung beziehungsweise Verfügungen, Laufzeit, Zinsen, Kredit, Einzahlungen usw.).

Wenn alles geklärt ist, legen Sie den Bausparvertrag zur Seite und gehen zum Fondssparen über. Beantworten Sie auch hier alle Fragen der Kundin (Arten, Vor- und Nachteile, Ermittlung des Ausgabe- und Rücknahmepreises usw.). Stellen Sie dann zwei bis drei Ihrer Meinung nach geeignete Fonds vor. Geeignet sind Fonds mit einem Aktienanteil von mindestens 60 %. Sagen Sie auch, warum Sie diese favorisieren. Nehmen Sie Fondsporträts zur Hand und zeigen Sie Charts und Fondskuchen.

Überlassen Sie Ihrer Kundin die Entscheidung, aber lassen Sie Frau Friesner mit ihrer Entscheidung nicht alleine.

Staatliche Förderung

Vielleicht fragt Frau Friesner Sie auch zu den Voraussetzungen für die genannten staatlichen Unterstützungen. Diese sind:

- Förderung nach dem 5. Vermögensbildungsgesetz (Bausparen) = Arbeitnehmer und ein zu versteuerndes Einkommen von maximal 17.900,00 EUR (bei Zusammenveranlagung 35.800,00 EUR)
- Förderung nach dem 5. Vermögensbildungsgesetz (Fondssparen) = Arbeitnehmer und ein zu versteuerndes Einkommen von maximal 20.000,00 EUR (bei Zusammenveranlagung 40.000,00 EUR)
- Förderung nach dem Wohnungsbauprämiengesetz = unbeschränkt einkommensteuerpflichtig (16 Jahre alt) und ein zu versteuerndes Einkommen von maximal 25.600,00 EUR (bei Zusammenveranlagung 51.200,00 EUR)

Bereiten Sie die Unterlagen bis zum nächsten Termin mit den Eltern vor, oder geben Sie die Formulare zum Unterschreiben mit nach Hause.

Falls Frau Friesner sich die Sache noch einmal überlegen und mit ihren Eltern besprechen möchte, geben Sie gezielt ausgewählte Prospekte mit. Vereinbaren Sie einen festen Termin mit oder ohne Eltern.

Fragen Sie Frau Friesner nach Unklarheiten, geben Sie ihr noch Informationen beziehungsweise Aufzeichnungen (Rechenbeispiele) mit.

Bedanken Sie sich für das Gespräch, sprechen Sie auch an, dass Sie sich über einen Abschluss freuen würden. Bieten Sie Ihre Hilfe an. Wenn Fragen auftauchen, zeigen Sie sich gesprächsbereit. Überreichen Sie Ihre Visitenkarte mit Telefonnummer. Fragen Sie nach, ob Sie sich nach einer bestimmten Zeit bei ihr melden dürfen.

Auf alle Fälle sollten Sie einen neuen festen Termin vereinbaren, wenn Sie keine Unterschrift beziehungsweise feste Zusage erhalten haben. Laden Sie die Eltern mit zu diesem Gespräch ein. Sie müssen bei Einwänden aktiv bleiben, nachhaken, Fragen klären. Aber weniger ist dann oft mehr, denn Informationen gab es in diesem Gespräch genügend.

Verabschieden Sie sich mit einem Smalltalk über Kontakte aus dem Gespräch oder mit Wünschen für den Beruf.

MaestroCard mit Homebanking

> **Information:**
> Seien Sie in der Prüfung nicht überrascht, wenn Ihr Fall vorsieht, dass der Arbeitgeber seine Zahlungen (VL) nur auf bestimmte Verträge (z. B. betriebliche Rente) leistet.

3. MaestroCard mit Homebanking

Situation

Beim Bearbeiten der Geburtstagsliste Ihrer Geschäftsstelle haben Sie entdeckt, dass Ihre Kundin Elisabeth Friesner ihren 18. Geburtstag feiert. Sie rufen sie an und gratulieren ihr.

Bei diesem Gespräch erinnern Sie Frau Friesner daran, dass sich mit ihrem 18. Geburtstag einiges an ihrer Kontoführung ändert und fragen Sie, ob sie nicht demnächst einmal bei Ihnen vorbeikommen will.

Sie haben mit Frau Friesner für heute Nachmittag nach ihrer Arbeit einen Termin vereinbart.

Bereiten Sie sich auf dieses Gespräch vor. Führen Sie das Beratungsgespräch und bieten Sie Frau Friesner die ideale Ergänzung für die Kontoführung einer jetzt Volljährigen.

Denken Sie dabei auch an mögliche Anschlussgeschäfte.

Persönliche Angaben: Elisabeth Friesner	
Elisabeth Friesner	18 Jahre
	alleinstehend
	Lehre zur Industriekauffrau bei der Robert Bosch GmbH

MaestroCard mit Homebanking

Kontospiegel: Elisabeth Friesner				
Kto.-Nr.	Kontoart	Kontostand	Zins	Sonstiges
				Freistellungsauftrag: 601,00 EUR
348 732 103	Girokonto	H 1.324,38 EUR	H 0,20 %	Kundenkarte bzw. girocard ohne Überziehungsmöglichkeit
582 357 445	Sparkonto	H 5.112,70 EUR	H 0,25 %	Kündigungsfrist 3 Monate
123 456 789	Sparbrief	H 4.978,36 EUR	H 2,25 %	Ablauf in 1 Woche, abgezinst, Nennwert 5.000 EUR
713534/003	Bausparen Bausparsumme 20.000,00 EUR	H 1.257,00 EUR	H 2,00 %	Renditesparer 40,00 EUR (5. VermBG), 42,60 EUR (WoPG) Freistellung 100,00 EUR
6542897456	Investmentfonds	H 136,00 EUR		europäische Aktien (Arbeitnehmersparzulage) 34,00 EUR (5. VermBG) Freistellung 100,00 EUR

Lösungsvorschläge mit wichtigen verkäuferischen und prüfungstaktischen Tipps finden Sie unmittelbar im Anschluss an diese Aufgabe.

MaestroCard mit Homebanking

> **Lösungsvorschläge**

Was sollten Sie beim Gespräch beachten?

- Gratulieren Sie Frau Friesner nochmals herzlich zum Geburtstag. Fragen Sie sie, wie die Feier war, was der Führerschein macht, ob sie sich ein Auto kaufen möchte. Vielleicht finden Sie in Ihrem Präsenteschrank eine Kleinigkeit für Ihre Kundin.
- Erkundigen Sie sich nach der Ausbildung, der Berufsschule usw.
- Wie haben sich die vermögenswirksamen Anlagen entwickelt? Hat es Probleme mit den Leistungen des Arbeitgebers gegeben? Wie hat sich der Kurs des Fonds entwickelt?
- Bereiten Sie sich gezielt auf die Umstellung des Girokontos vor. Holen Sie sich die passenden Prospekte zur Hand und machen Sie sich Aufzeichnungen.
- Kümmern Sie sich um alle Informationen zum Homebanking, falls Sie sich selbst nicht so sicher sind.
- Als Anschlussgeschäft bietet sich in diesem Fall der in einer Woche fällige Sparbrief an. Eventuell ist sie auch an einem weiteren Dauerauftrag für Investmentfonds interessiert.

Welche fachlichen Inhalte können von Ihnen erwartet werden?

Fragen Sie Frau Friesner, wie sie bis jetzt mit der Kontoführung zufrieden ist.

Erklären Sie ihr, dass sie nun, da sie volljährig ist, eine MaestroCard mit Überziehungsmöglichkeit haben könne. Nennen Sie ihr die Unterschiede zur Kundenkarte bzw. girocard ohne Überziehungsmöglichkeit:

- MAESTRO = Sie kann jetzt zusammen mit der PIN an entsprechenden Kassen weltweit Zahlungen leisten, die für den Händler garantiert sind. Die Bank teilt der Kundin in diesem Zusammenhang einen Verfügungsrahmen mit. Dieser ist innerhalb der Banken unterschiedlich.

MaestroCard mit Homebanking

Wichtig: Wie unterscheiden die Banken die Karten von Minderjährigen (auch nicht Kreditfähigen) und volljährigen Personen? Mehrere Vorgehensweisen lassen sich unterscheiden:

1. Ausgabe einer Karte ohne äußerliche Unterscheidung. Der Unterschied entsteht nur bei der Autorisierung, denn das Minderjährigenkonto darf nicht überzogen werden.

2. Ausgabe von zwei Ausstattungsvarianten. Die Karte für Minderjährige würde nur eine Online-Autorisierung zulassen.

3. Ausgabe von Kundenkarten an Minderjährige.

Eventuell fragt Frau Friesner auch nach den Zahlungsformen ELV und GeldKarte. Erstellen Sie sicherheitshalber einen übersichtlichen Vergleich aller Zahlungsformen mit der MaestroCard.

Mit der MaestroCard kann die Kundin nun ihr Konto überziehen. Nennen Sie ihr den Überziehungsrahmen, aber gehen Sie auch kurz darauf ein, wie gefährlich es ist, das Konto dauerhaft zu überziehen.

Erklären Sie Frau Friesner die weitere Vorgehensweise bei der Ausgabe bzw. Änderung der MaestroCard (wie lange es dauert, bis die Karte da ist und wie die PIN zu ihr gelangt). Weisen Sie sie auch darauf hin, dass sie die MaestroCard und die PIN immer getrennt voneinander aufbewahren sollte, um nicht bei Verlust und Diebstahl zu haften. Am besten sollte sie sich die Geheimnummer merken und den entsprechenden Brief der Bank vernichten.

Information:

Haftungsregelungen bei missbräuchlicher Verwendung der MaestroCard:

- Ab Anzeige des Verlustes der Karte an das Kreditinstitut oder den zentralen Sperrannahmedienst (Telefonnummer der Kundin mitteilen) übernimmt die Bank alle danach entstehenden Schäden.

- Schäden, die vor der Anzeige entstanden sind, übernimmt in der Regel das Kreditinstitut (sonst maximal 150,00 EUR), wenn der Karteninhaber seinen Pflichten (MaestroCard unverzüglich unterschreiben, Geheimhaltung der PIN und Un-

> terrichtungs- und Anzeigepflichten) nachgekommen ist. Hat er dagegen schuldhaft zur Entstehung des Schadens beigetragen, so trifft ihn ein Mitverschulden. Bei grober Fahrlässigkeit trägt der Karteninhaber den Schaden (maximal in Höhe des Verfügungsrahmens) komplett.

Sprechen Sie eventuell von Ihren eigenen Erfahrungen (vielleicht auch im Ausland) mit der MaestroCard. Nennen Sie ihr die Kosten der Bargeldabhebung im In- und Ausland.

Interessant ist für Frau Friesner sicher auch die Nutzung der GeldKarten-Funktion. Und falls Ihr Kreditinstitut die kontaktlose Zahlungsform girogo anbietet, sollten Sie diese unbedingt vorstellen.

Aufgrund der Volljährigkeit hat sich die Stellung der Eltern geändert. Erklären Sie ihr, dass sie von nun an alleine für ihre Konten verantwortlich ist. Die Eltern sind nicht mehr über ihre Konten verfügungsberechtigt. Natürlich kann sie ihren Eltern eine Kontovollmacht geben.

Fragen Sie Ihre Kundin auch, ob sie jemandem anderen eine Zeichnungsberechtigung (Vollmacht) einräumen möchte. Auch an Bevollmächtigte können Kunden- und MaestroCards ausgegeben werden.

Füllen Sie gemeinsam mit Frau Friesner den Kartenantrag aus und stellen Sie die Konten um. Eventuell bereiten Sie diese beiden Tätigkeiten aber auch nur vor und vereinbaren einen neuen Termin.

Sollte Frau Friesner noch keine Homebanking-Kundin sein, dann sollten Sie ihr jetzt ein Angebot machen. Wenn sie Interesse an dieser Art Kontoführung hat, erklären Sie ihr die technischen Voraussetzungen für den reibungslosen Ablauf. Zusätzlich beschreiben Sie ihr, welche Möglichkeiten sie mit Homebanking hat, welche Konten es betrifft und welche Kosten auf sie zukommen. Die Formalitäten können Sie bis zum nächsten Termin vorbereiten.

Den fälligen Sparbrief sollten Sie wenigstens kurz ansprechen, selbst wenn Frau Friesner keine Zeit mehr hat, damit sie merkt, dass Sie sich um ihre Angelegenheiten kümmern. Klären Sie ab, was sie mit dem Geld vorhat – ob Sie ihr ein neues, lukratives Angebot machen dürfen, oder ob sie das Geld für etwas anderes benötigt.

Vereinbaren Sie einen neuen Gesprächstermin mit Ihrer Kundin, wünschen Sie ihr weiterhin viel Spaß im Beruf und toi, toi, toi im Straßenverkehr.

4. Bausparen in der Ansparphase

Situation

Elisabeth Friesner beendet demnächst ihre Lehre zur Industriekauffrau vorzeitig. Sie kam immer mal wieder bei Ihnen am Schalter vorbei. Beim letzten Treffen hat sie Ihnen erzählt, dass sie, sobald sie mit der Ausbildung fertig ist, monatlich etwas ansparen möchte, um sich bald eigene vier Wände leisten zu können.

Sie haben einen Beratungstermin mit ihr für den heutigen Tag vereinbart.

Bereiten Sie sich darauf vor und suchen Sie ein passendes Angebot für Frau Friesner aus.

Führen Sie das Gespräch und nutzen Sie mögliche Anschlussgeschäfte.

Persönliche Angaben: Elisabeth Friesner	
Elisabeth Friesner	19 Jahre
	alleinstehend
	Ausbildung zur Industriekauffrau bei der Robert Bosch GmbH

Bausparen in der Ansparphase

Kontospiegel: Elisabeth Friesner

Kto.-Nr.	Kontoart	Kontostand	Zins	Sonstiges
				Freistellungsauftrag: 601,00 EUR
348 732 103	Girokonto	H 817,53 EUR	H 0,20 %	MaestroCard
582 357 445	Sparkonto	H 5.374,63 EUR	H 0,25 %	Kündigungsfrist 3 Monate
587 936 545	Sparbrief	H 5.017,20 EUR	H 2,25 %	Ablauf in 44 Monaten, abgezinst, Nennwert 6.000 EUR
713534/003	Bausparen Bausparsumme 20.000,00 EUR	H 1.752,97 EUR	H 2,00 %	Renditesparer 40,00 EUR (5. VermBG), 42,60 EUR (WoPG) Freistellung 100,00 EUR
6542897456	Investmentfonds	H 825,38 EUR		europäische Aktien (Arbeitnehmersparzulage) 34,00 EUR (5. VermBG) Freistellung 100,00 EUR

Lösungsvorschläge mit wichtigen verkäuferischen und prüfungstaktischen Tipps finden Sie unmittelbar im Anschluss an diese Aufgabe.

Bausparen in der Ansparphase

Lösungsvorschläge

Was sollten Sie beim Gespräch beachten?

- Freuen Sie sich, dass Frau Friesner Interesse an einem Beratungstermin hat.
- Fragen Sie nach, ob sie inzwischen erste Erfahrungen mit ihrer MaestroCard gemacht hat. Beantworten Sie möglicherweise auftretende Fragen hierzu.
- Erkundigen Sie sich nach der Ausbildungsstelle, nach den bevorstehenden Prüfungen, ob Frau Friesner bei der Firma bleibt, wo sie eingesetzt wird usw.
- Was gönnt sie sich von ihrem ersten „richtigen" Gehalt? Ist z. B. ein Urlaub zur Erholung nach der Prüfung geplant?
- Eine gute Überleitung zum Beratungsgespräch bietet sich an, wenn Frau Friesner Ihnen von ihrem Wunsch nach den eigenen vier Wänden erzählt.
- Bieten Sie auch ganz selbstverständlich den Immobilienservice der AZUBI-Bank an. Den kann sie nutzen, wenn es mit der Verwirklichung des Wunsches so weit ist.
- Erstellen Sie ein Ablaufdiagramm über den Bausparvertrag (Spar- und Darlehensphase).
- Setzen Sie ganz gezielt Ihr Prospektmaterial und Ihre Aufzeichnungen ein.
- Denken Sie daran, dass Sie an Kenntnisse aus einer früheren Beratung (staatliche Förderung) anschließen können. Außerdem stellt sich die Frage, ob sie den bestehenden Vertrag mit einbeziehen will oder lieber einen neuen abschließen möchte. Diesen Vertrag könnte sie dann auch für die Wohn-Riester-Förderung nutzen.
- Nutzen Sie mögliche Anschlussgeschäfte, die sich aus dem Gespräch ergeben. Bieten Sie Versicherungen an, die Frau Friesner noch nicht hat (z. B. Haftpflichtversicherung, da sie jetzt volljährig ist). Nützlich ist auch ein Spardauerauftrag, z. B. für die Finanzierung von Urlauben. Aber denken Sie daran, nicht den ganzen „neuen" Verdienst von Frau Friesner zu verplanen.

Bausparen in der Ansparphase

Welche fachlichen Inhalte können von Ihnen erwartet werden?

Fragen Sie Frau Friesner gleich zu Beginn, welche Vorstellungen/ Wünsche sie hat. Haken Sie nach, wenn für Sie noch Fragen offen sind, z. B. wie viel möchte sie sparen, wann ungefähr hat sie vor, sich etwas zu kaufen oder zu bauen? Sprechen Sie auch den Freistellungsauftrag an.

Vom Prinzip des Bausparens weiß Frau Friesner durch den VL-Vertrag. Sprechen Sie dieses Thema deshalb nur kurz an, beziehungsweise gehen Sie auf die Unklarheiten und Fragen ein.

Nennen und erklären Sie die verschiedenen Phasen (Ansparphase/ Zuteilungsphase/Darlehensphase) und zeigen Sie die Vorteile des Bausparens auf:

- Marktüblicher Zins
- Erwerb eines Darlehensanspruchs
- Niedriger und gesicherter Darlehenszins
- Schnelle Tilgung
- Nachrangige Absicherung (wichtig für weitere Kredite)

Nennen Sie ihr die aktuellen Konditionen. Erwähnen Sie auch die Abschlussgebühr als den Preis dieser für sie idealen Anlageform. Zögern Sie dabei nicht, denn es darf nicht der Eindruck entstehen, die Gebühr sei etwas Besonderes. Sagen Sie ihr auch, in welchem Fall die Gebühr zurückerstattet wird, wenn sie nachhakt.

Nutzen Sie Prospektmaterial und Ihre eigenen Aufzeichnungen zur besseren Visualisierung. Diese Unterlagen sind auch gut zum Mitgeben und Nachlesen für zu Hause.

Klären Sie, bevor Sie zur Tarifwahl kommen, ob das Bausparen das ist, was sie sich vorgestellt hat, und ob sie noch Fragen hat.

Nennen Sie die Tarife Ihrer Bank im Überblick (z. B. Bautarif, Spartarif, Wahltarif). Sprechen Sie eine Empfehlung aus, die auf die Bedürfnisse der Kundin zugeschnitten ist. Aber überlassen Sie ihr die Entscheidung. Geben Sie Hilfestellung.

Bausparen in der Ansparphase

Stellen Sie vielleicht noch die eine oder andere gezielte Frage, damit Frau Friesner sich leichter entscheiden kann.

Nutzen Sie die Möglichkeit, Frau Friesner die Riester-Förderung (hier Wohn-Riester) vorzustellen. Zeigen Sie ihr die Unterstützungen durch den Staat und errechnen Sie den Mindesteigenbetrag.

Empfehlen kann man die Änderung des laufenden Bausparvertrags in einen Bautarif. Dieser Tarif bietet die günstigere Darlehensfinanzierung. Das ist für Frau Friesner wichtig, denn ihr Wunsch nach Eigentum wird wahrscheinlich nicht ohne Darlehen finanzierbar sein.

Wichtig: Die Änderung ist natürlich nur möglich, wenn Ihre Bausparkasse das ermöglicht. Auf diesen Vertrag können dann auch die vereinbarten Sparraten eingezahlt werden.

Wenn sie sich entschieden und einen Betrag zum monatlichen Sparen festgelegt hat, können Sie ihr eine Modellberechnung machen, damit sie weiß, welches Sparguthaben sie nach der gewünschten Laufzeit erhält.

Ist Frau Friesner mit allem einverstanden und hat keine Fragen mehr, klären Sie die Formalitäten (Widerrufsrecht, Einzugsermächtigung, Begünstigte/-r im Todesfall usw.).

Beglückwünschen Sie Frau Friesner zu dieser Entscheidung, die sie ihrem Traum einen Schritt näher bringt.

Wenn Sie noch eine Idee für Frau Friesner haben (z. B. Haftpflichtversicherung), reißen Sie diese kurz an, wecken Sie das Interesse und vereinbaren Sie einen neuen Beratungstermin.

5. Mietkautionskonto

Situation

Ihre langjährige Kundin Elisabeth Friesner war schon lange nicht mehr bei Ihnen am Schalter. Von ihrem Onkel, Joachim Friesner, Geschäftsführer der Natur & Büro GmbH, wissen Sie, dass sie sich im Betrieb weitergebildet hat und ihr der Job als Wirtschaftsassistentin im Bereich Einkauf sehr viel Spaß macht.

Jetzt sucht sie zusammen mit ihrem Freund eine Wohnung.

Elisabeth Friesner hat ihre Geldgeschäfte bisher von zu Hause aus erledigt, hat aber in letzter Zeit keine größeren Transaktionen vorgenommen.

Heute kommt sie zu Ihnen an den Schalter und braucht Ihre Hilfe, denn sie muss ein Mietkautionskonto eröffnen.

Erklären Sie ihr die verschiedenen Möglichkeiten, und suchen Sie zusammen mit Ihrer Kundin die richtige Anlageform aus.

Nutzen Sie mögliche Anschlussgeschäfte zur Kundenbindung.

Persönliche Angaben: Elisabeth Friesner	
Elisabeth Friesner	21 Jahre
	alleinstehend
	Wirtschaftsassistentin bei der Robert Bosch GmbH

Mietkautionskonto

Kontospiegel: Elisabeth Friesner				
Kto.-Nr.	Kontoart	Kontostand	Zins	Sonstiges
				Freistellungsauftrag: 601,00 EUR
348 732 103	Girokonto	H 3.217,84 EUR		MaestroCard
582 357 445	Sparkonto	H 6.896,54 EUR	H 0,25 %	Kündigungsfrist 3 Monate
587 936 545	Sparbrief	H 5.692,87 EUR	H 2,25 %	Ablauf in 20 Monaten, abgezinst, Nennwert 6.000 EUR
713534/003	Bausparen Bausparsumme 50.000,00 EUR	H 4.693,12 EUR	H 1,0 %	Bautarif 40,00 EUR (5. VermBG) 42,60 EUR (WoPG) Spardauerauftrag über 100,00 EUR Freistellung 100,00 EUR
6542897456	Investmentfonds	H 1.703,94 EUR		europäische Aktien (Arbeitnehmersparzulage) 34,00 EUR (5. VermBG) Freistellung 100,00 EUR

Lösungsvorschläge mit wichtigen verkäuferischen und prüfungstaktischen Tipps finden Sie unmittelbar im Anschluss an diese Aufgabe.

Mietkautionskonto

> **Lösungsvorschläge**

Was sollten Sie beim Gespräch beachten?

- Freuen Sie sich, dass Frau Friesner mit ihrem Anliegen zu Ihnen kommt.

- Fragen Sie Ihre Kundin, wie es ihr in der Zwischenzeit ergangen ist, was der Beruf macht, wie es der Familie geht usw.

- Sprechen Sie mit ihr darüber, was Ihnen der Onkel erzählt hat. Zeigen Sie Interesse an ihrer beruflichen Entwicklung.

- Beim letzten größeren Beratungsgespräch hat sich Frau Friesner entschlossen, einen Spardauerauftrag auf einen Bausparvertrag abzuschließen. Auch dieses Thema eignet sich zum Gesprächseinstieg.

- Fragen Sie die Kundin nach der neuen Wohnung (Lage, Aufteilung, Miete usw.). Sicher wird sie froh sein, eine Wohnung gefunden zu haben. Nehmen Sie die positive Stimmung in das Beratungsgespräch mit.

- Legen Sie sich ein Formblatt für die Eröffnung des Mietkautionskontos parat.

- Nutzen Sie mögliche Anschlussgeschäfte, die sich aus der Wohnung beziehungsweise dem Zusammenleben mit ihrem Freund ergeben.

  Beispiele: gemeinsames Girokonto, Hausratversicherung, Haftpflichtversicherung, gemeinsames Sparbuch mit Sparbeiträgen für eventuelle Anschaffungen.

- Versuchen Sie auch den Freund kennen zu lernen. Vielleicht ergibt sich im Laufe der Zeit eine neue Kontoverbindung.

Welche fachlichen Inhalte können von Ihnen erwartet werden?

Als Erstes sollten Sie Frau Friesner die üblichen Arten des Mietkautionskontos erklären.

Mietkautionskonto

Zwei Formen werden angeboten: Mietkautionskonto auf den Namen des Mieters mit Verpfändung an den Vermieter und Mietkautionskonto auf den Namen des Vermieters.

Im Normalfall entscheiden sich die Kunden für das Kautionskonto auf den Namen des Mieters. Nehmen Sie das Formular zur Hand und füllen es gemeinsam mit der Kundin aus. Dabei können Sie auch die wichtigsten Punkte ansprechen:

- Sie eröffnen ein Mietkautionskonto als Sparbuch (dreimonatige Kündigungsfrist) auf den Namen des Mieters. Andere Anlageformen sind möglich.

- Die Zinsen stehen dem Mieter zu und er muss das Konto auch freistellen.

- Das Guthaben auf dem Sparkonto wird an den Vermieter verpfändet.

- Der Vermieter erhält auch das Sparbuch.

- Verlangt der Vermieter Auszahlung, wird der Mieter darüber benachrichtigt. Die Auszahlung erfolgt dann erst nach Ablauf von vier Wochen nach Versand der Mitteilung an den Mieter.

- Die Bank tritt mit ihrem AGB-Pfandrecht hinter das Recht des Vermieters zurück.

Stimmen die Regelungen Ihrer Bank nicht mit den genannten Punkten überein, so arbeiten Sie nach den Vorgaben Ihres Ausbildungsbetriebes.

In unserem Fall sollten Sie auch abklären, ob das Konto nur auf den Namen von Frau Friesner lauten soll oder auch auf den Namen ihres Freundes (Gemeinschaftskonto). Wenn das Sparbuch auf beider Namen eröffnet werden soll, müssen Sie an die Legitimation vom Freund denken.

Klären Sie auch die Höhe der Kaution ab.

Für die Eröffnung brauchen Sie auch die Daten des Vermieters: Name, Anschrift, Personalausweisdaten usw.

Mietkautionskonto

Mehr ist in diesem Fall nicht zu berücksichtigen. Sie können die Unterlagen vorbereiten und zum Unterschreiben (Vermieter und eventuell Freund) mitgeben. Eine andere Möglichkeit ist, dass Elisabeth Friesner mit dem Freund zum Unterschreiben vorbeikommt. Diese Möglichkeit bietet sich an, wenn Frau Friesner an einem Angebot für die gemeinsame Wohnung (Hausratversicherung, Haftpflichtversicherung, Girokonto usw.) interessiert ist. Sagen Sie in diesem Fall, dass Sie sich freuen würden, auch den Freund kennen zu lernen.

Vereinbaren Sie einen Termin mit Frau Friesner, zu dem sie die Unterlagen unterschrieben zurückbringt. Notieren Sie für die Kundin, welche Dinge sie bis zu diesem Termin erledigen muss.

Erklären Sie Frau Friesner, warum Sie ihr das Sparbuch heute noch nicht mitgeben können.

Sollte die Kundin noch keinen Riester-Vertrag abgeschlossen haben, sprechen Sie sie auf die Förderung an. Interessant ist in diesem Zusammenhang die Wohn-Riester-Förderung, denn Frau Friesner hat den Tarif ihres Bausparvertrags geändert (Bautarif). Ein ausführliches Beratungsgespräch könnte an dem vereinbarten Termin stattfinden.

Verabschieden Sie sich bis zum nächsten Mal, und wünschen Sie Frau Friesner viel Spaß mit der neuen Wohnung.

Natur & Büro GmbH

1. Eröffnung eines Kontos für eine GmbH 122
2. Firmendarlehen 126
3. Dokumentäre Zahlungen im Außenhandel 132

1. Eröffnung eines Kontos für eine GmbH

Situation

Die Natur & Büro GmbH, ein Großhandelsbetrieb für ökologische Büroartikel, hat ihren Sitz nach Bamberg verlegt. Jetzt kommt Herr Joachim Friesner unangemeldet zu Ihnen und will ein Konto für die Gesellschaft eröffnen.

Eröffnen Sie, wenn möglich, für die Natur & Büro GmbH das Konto.

Außerdem will Herr Friesner mit der Bank auch gleich einen „Lastschriftvertrag" abschließen, damit die Gesellschaft von ihren Kunden die fälligen Beträge einziehen kann.

Beraten Sie Herrn Friesner über die möglichen Lastschriftverfahren und machen Sie einen praktikablen Vorschlag.

Handelsregisterauszug			
a) Firma b) Ort der Niederlassung c) Gegenstand des Unternehmens	Geschäftsführer	Prokura	Rechtsverhältnisse
a) Natur & Büro GmbH b) Nürnberg, Laufer Landstr. 12 Bamberg, Im Hafen 23 c) Großhandel für Büroartikel	Joachim Friesner, Forchheim	Gerlinde Flinke, Bamberg Andreas Reuter, Bamberg	Gesellschaft mit beschränkter Haftung Beginn am 21. März 2001 Die Prokuristen vertreten die Gesellschafter gemeinsam.

Zusätzlich ist Ihnen bekannt, dass Fritz Flinke, Bamberg, und Kurt Kalowski, Nürnberg, Gesellschafter sind.

> Lösungsvorschläge mit wichtigen verkäuferischen und prüfungstaktischen Tipps finden Sie unmittelbar im Anschluss an diese Aufgabe.

Eröffnung eines Kontos für eine GmbH

Lösungsvorschläge

Was sollten Sie beim Gespräch beachten?

- Stellen Sie sich Herrn Friesner vor, damit er weiß, wer ihn berät.

- Da es sich bei der Natur & Büro GmbH um einen Neukunden handelt, nutzen Sie die Möglichkeit, im Gespräch Informationen über die Gesellschaft zu sammeln. Fragen Sie Herrn Friesner auch, warum er das Konto bei der AZUBI-Bank eröffnet.

- Machen Sie sich Notizen, damit Sie nichts vergessen und Herrn Friesner bei der Kontoeröffnung gut beraten können. Erklären Sie ihm, warum Sie sich wichtige Punkte aufschreiben.

- Bieten Sie Herrn Friesner an, die Übertragung der Konten von der Nürnberger Bank auf die AZUBI-Bank vorzunehmen. So erfahren Sie, welche anderen Konten noch existieren. Hier bieten sich weitere Geschäfte an, z. B. Geldanlage.

- Erstellen Sie eine Übersicht für Herrn Friesner über alle noch notwendigen Handlungen/Unterlagen für die Kontoeröffnung und eventuell für die Durchführung des Lastschriftverfahrens.

- Wenn Ihnen in der Prüfung keine Vertragsunterlagen zur Verfügung stehen, reicht es aus, wenn Sie unbeschriebene Blätter verwenden. Lassen Sie Herrn Friesner auf diesen Blättern auch unterschreiben.

- Bieten Sie am Ende des Gesprächs (Anschlussgeschäft) einen Kontokorrentkredit an beziehungsweise leiten Sie das entsprechende Kreditgespräch ein. Notieren Sie auch hier die Unterlagen, die Sie von Herrn Friesner benötigen (Bilanzen, G+V-Rechnungen, Sicherheiten).

Da die Eröffnung eines Girokontos auch einen Zahlungsdiensterahmenvertrag beinhaltet, müssten Sie vorweg der Kundin vorvertragliche Informationen zu dem Rahmenvertrag geben. Dadurch würde aber viel Zeit für die eigentliche Beratung verloren gehen. Sprechen Sie deshalb vorweg das Thema an.

Eröffnung eines Kontos für eine GmbH

Welche fachlichen Inhalte können von Ihnen erwartet werden?

Fragen Sie Herrn Friesner nach seinen Wünschen zum Konto und stellen Sie ihm ein geeignetes Kontenmodell einschließlich Kostenregelung vor.

Prüfen Sie anhand des Handelsregisterauszugs (beglaubigt, neueres Datum), ob Herr Friesner vertretungsberechtigt ist. Dies ist der Fall, da er alleiniger Geschäftsführer ist. Gäbe es in der Gesellschaft mehrere Geschäftsführer, so würden sie nach dem Gesetz die Gesellschaft gemeinsam vertreten. Dann müsste geprüft werden, ob die Geschäftsführer durch Vertrag einzelvertretungsberechtigt sind.

> **Information:**
> Die Gesellschafter vertreten die Gesellschaft nicht.

Prüfen Sie dann die persönliche Legitimation (Ausweis, Pass) von Joachim Friesner. Machen Sie sich eine Kopie vom Ausweis (Pass).

Fertigen Sie eine Unterschriftsprobe für die Kontounterlagen an.

Die Prokuristen Flinke und Reuter sind gemeinsam vertretungsberechtigt. Damit sie ihr Vertretungsrecht nutzen können, müssen sie sich noch persönlich legitimieren. Machen Sie für Herrn Friesner eine entsprechende Notiz.

Das Konto wird gemäß Handelsregisterauszug auf „Natur & Büro GmbH" lauten.

Nachdem Sie das Konto eröffnet haben, erklären Sie Herrn Friesner noch die unterschiedlichen Lastschriftverfahren.

- Einzugsermächtigung: Die Kunden der Natur & Büro GmbH geben der GmbH auf einem Formblatt das Recht zum Einzug fälliger Forderungen. Die Natur & Büro GmbH füllt dann bei Fälligkeit die Lastschriften (Einzugsermächtigungen) aus und reicht sie bei der AZUBI-Bank zur Gutschrift ein. Die Gutschrift ist noch vorläufig, da die Kunden der Belastung widersprechen können beziehungsweise die Kundenkonten nicht gedeckt sein könnten.

- Abbuchungsauftrag: Die Kunden der Natur & Büro GmbH geben ihrer Bank den Auftrag, Lastschriften, die die GmbH einreicht, einzulösen. Dem Abbuchungsauftrag kann nachträglich nicht widersprochen werden. Allerdings erfolgt auch hier keine Einlösung, wenn Konten der Kunden nicht gedeckt werden.

Nennen Sie auch die Vorteile der Verfahren und empfehlen Sie eines der beiden Lastschriftverfahren. Sicherer ist der Abbuchungsauftrag (kein Widerspruch). Allerdings müssen die Kunden aktiv werden. Ob das erreicht werden kann, muss Herr Friesner entscheiden. In der Praxis wird häufiger die Einzugsermächtigung genutzt, weil sie für den Schuldner einfacher zu handhaben ist.

Die Vorteile beider Verfahren sind: Die Natur & Büro GmbH nimmt den Einzug der Forderungen selbst in die Hand. Damit gehen die Gelder schneller ein und Mahnungen sind kaum noch nötig.

Hinweis: Ab 1. Februar 2014 werden die deutschen Verfahren abgelöst. Anzuwenden wäre hier entweder das SEPA-Lastschriftmandat oder das SEPA-Firmen-Lastschriftmandat.

Mit den neuen Bedingungen für Einzugsermächtigungen wurde die Zahlungsform SEPA-fest (beachten Sie dazu bitte die Informationen auf Seite 91). Der Zahlungspflichtige erteilt eine Doppelweisung (an den Zahlungsempfänger und an sein Kreditinstitut). Damit ist der Übergang zur SEPA-Lastschrift fließend. Notwendig ist nur, dass der Kunde den Zahler über den Wechsel unter Angabe von Gläubiger-Identifikationsnummer und Mandatsreferenz in Textform unterrichtet.

Anders ist die Situation bei der SEPA-Firmen-Lastschrift. Hier benötigt die Natur & Büro GmbH ein Mandat der Kunden. Dieses Mandat könnte sie aber bereits in die „Vereinbarung über den Einzug von Forderungen mittels Lastschrift" mit aufnehmen.

Bieten Sie Herrn Friesner auf jeden Fall ein entsprechendes PC-Programm an, damit der Zahlungsverkehr beleglos erfolgen kann. Für Ihren Vorschlag wird er sicher dankbar sein, erspart er der GmbH doch Kosten.

Sicher benötigt die Natur & Büro GmbH einen Kontokorrentkredit. Notieren Sie für Herrn Friesner die benötigten Unterlagen und vereinbaren Sie einen neuen Termin. Vielleicht ist es möglich, dass auch die Prokuristen Gerlinde Flinke und Andreas Reuter diesen Termin nutzen, um sich zu legitimieren. Dann könnten Sie die Kontounterlagen vervollständigen.

Firmendarlehen

Bedanken Sie sich bei Herrn Friesner für das Gespräch und das entgegengebrachte Vertrauen. Sagen Sie ihm, dass Sie sich freuen, wenn er bei Fragen, Problemen usw. wieder zu Ihnen kommt, denn Sie würden sich gern um seine Kontoverbindung kümmern.

Geben Sie ihm Ihre Visitenkarte, verabschieden Sie sich mit einem Smalltalk von Ihrem neuen Kunden und wünschen Sie ihm viel Erfolg am neuen Standort.

2. Firmendarlehen

Situation

Joachim Friesner, der Geschäftsführer der Natur & Büro GmbH, ein Großhandelsbetrieb für ökologische Büroartikel, kommt zu Ihnen in die Bank, um ein Darlehen für den Kauf eines Kleintransporters zu beantragen. Das Gespräch ist telefonisch verabredet.

Sie wissen, dass Herr Friesner die GmbH allein vertritt. Die Kontoverbindung besteht erst seit einem halben Jahr.

Übrigens hat Herr Friesner privat noch kein Konto bei der AZUBI-Bank. Die Bilanzen und G+V-Rechnungen der letzten beiden Geschäftsjahre liegen Ihnen vor.

Daten zum Kleintransporter: Kaufpreis 35.000,00 EUR, eigene Mittel der GmbH 15.000,00 EUR, Kreditvolumen 20.000,00 EUR. Diese Informationen hat Ihnen Herr Friesner vorab telefonisch mitgeteilt.

Führen Sie das Gespräch. Zeigen Sie die monatlichen Belastungen der GmbH auf, und schlagen Sie eine geeignete Sicherheit vor.

Kontospiegel Natur & Büro GmbH				
Kto.-Nr.	Kontoart	Kontostand	Zins	Sonstiges
750 602 312	Kontokorrentkonto	H 35.364,95 EUR	S 8,9 %	Kontokorrentkredit 15.000,00 EUR, durchschnittlicher Kontostand H 12.325,00 EUR

Firmendarlehen

Bilanz Natur & Büro GmbH

Aktiva	Bilanz Vorjahr in Tsd. EUR	%	Bilanz 20.. in Tsd. EUR	%	Branche %	Abweichung Vorjahr %
Immaterielles Vermögen	–	0,0	–	0,0	0,0	
Grundstücke und Gebäude	275,00	49,9	230,70	41,5	52,6	–16,1
Maschinen	–	0,0	–	0,0	0,0	
BGA	54,20	9,8	64,70	11,7	13,4	19,4
Imm. Vermögen und Sachanlagen	329,20	59,8	295,40	53,2	66,0	–10,3
Finanzanlagen	–	0,0	–	0,0	0,0	
Anlagevermögen	**329,20**	**59,8**	**295,40**	**53,2**	**66,0**	**–10,3**
Fertigerzeugnisse	35,00	6,4	47,00	8,5	10,3	34,3
Unfertige Erzeugnisse	–	0,0	–	0,0	0,0	
Roh-, Hilfs- und Betriebsstoffe	–	0,0	–	0,0	0,0	
Vorräte	35,00	6,4	47,00	8,5	10,3	34,3
Forderungen aus Lieferungen und Leistungen	87,00	15,8	101,00	18,2	18,3	16,1
Sonstige Vermögensgegenstände	–	0,0	–	0,0	0,0	
Forderungen und sonstige Vermögensgegenstände	87,00	15,8	101,00	18,2	18,3	16,1
Bankguthaben	95,60	17,4	107,00	19,3	5,4	11,9
Kassenbestand	3,90	0,7	4,50	0,8	0,0	15,4
Schecks, Kassenbestand, Bankguthaben	99,50	18,1	111,50	20,1	5,4	12,1
Umlaufvermögen	**221,50**	**40,2**	**259,50**	**46,7**	**34,0**	**17,2**
Rechnungsabgrenzungsposten	0,20	0,0	0,60	0,1	0,0	200,0
Bilanzsumme	**550,90**	**100,0**	**555,50**	**100,0**	**100,0**	**0,8**

Firmendarlehen

Bilanz Natur & Büro GmbH

Passiva	Bilanz Vorjahr in Tsd. EUR	%	Bilanz 20.. in Tsd. EUR	%	Branche %	Abweichung Vorjahr %
Stammkapital / Eigenkapital	100,00	18,2	100,00	18,0	15,0	0,0
Offene Rücklagen	45,00	8,2	90,00	16,2	2,4	
Gewinn- / Verlustvortrag	–	0,0	–	0,0	1,0	0,0
Bilanzgewinn / Bilanzverlust	116,00	21,1	160,50	28,9	17,5	38,4
Bilanzielles Eigenkapital	**261,00**	**47,4**	**350,50**	**63,1**	**35,9**	**34,3**
Langfristige Verbindlichkeiten Banken	173,00	31,4	92,00	16,6	38,2	– 46,8
Langfristige Verbindlichkeiten andere	–	0,0	–	0,0	0,0	
Langfristiges Fremdkapital	**173,00**	**31,4**	**92,00**	**16,6**	**38,2**	**– 46,8**
Kurzfristige Verbindlichkeiten Banken	–	0,0	–	0,0	10,2	
Verbindlichkeiten aus Lieferungen und Leistungen	99,20	18,0	97,00	17,5	25,6	– 2,2
Sonstige kurzfristige Verbindlichkeiten	15,30	2,8	14,30	2,6	4,6	– 6,5
Kurzfristiges Fremdkapital	**114,50**	**20,8**	**111,30**	**20,0**	**40,4**	**– 2,8**
Fremdkapital	**287,50**	**52,2**	**203,30**	**36,6**	**78,6**	**– 29,3**
Rechnungsabgrenzungsposten	1,80	0,3	1,70	0,3	2,3	
Bilanzsumme	**550,30**	**100,0**	**555,50**	**100,0**	**116,8**	**0,9**

Lösungsvorschläge mit wichtigen verkäuferischen und prüfungstaktischen Tipps finden Sie unmittelbar im Anschluss an diese Aufgabe.

Firmendarlehen

> **Lösungsvorschläge**

Was sollten Sie beim Gespräch beachten?

- Erkundigen Sie sich bei Herrn Friesner, wie die Geschäfte der GmbH laufen. Geeignet ist auch ein Standardeinstieg, z. B.: „Wo haben Sie denn geparkt? Die Kosten für das Parkhaus erstatten wir Ihnen."
- Da die Kontoverbindung noch relativ neu ist, sollten Sie nachfragen, ob Herr Friesner mit der Kontoführung zufrieden ist.
- Rechnen Sie Herrn Friesner übersichtlich die monatlichen Belastungen durch das Darlehen auf einem Blatt vor.
- Stellen Sie ebenfalls die Zusammenhänge der vorgeschlagenen Sicherheit(en) dar.
- Überzeugen Sie Herrn Friesner davon, sein Privatkonto auch bei der AZUBI-Bank einzurichten.

Welche fachlichen Inhalte können von Ihnen erwartet werden?

Sie haben sich vor dem Gespräch die Bilanzen und G+V-Rechnungen der Gesellschaft angesehen. Das Unternehmen steht im abgeschlossenen Geschäftsjahr noch besser als im Vorjahr da. Alle Werte sind mustergültig. Auch die bisherige Kontoführung ist einwandfrei. Damit stehen dem Darlehen von wirtschaftlicher Seite keine Hindernisse im Weg. Erwähnen Sie im Gespräch ruhig einmal die sehr gute Entwicklung der Gesellschaft. Damit erkennt der Kunde, dass Sie die Bilanzen geprüft haben und ein Lob tut immer gut.

Lassen Sie sich von Herrn Friesner die Daten des Kleintransporters noch einmal bestätigen. Haken Sie dabei Ihre Daten ab.

Grundsätzlich könnte der Transporter auch über den Kontokorrentkredit finanziert werden. Sie bieten Herrn Friesner für ein gesichertes Darlehen aber bessere Konditionen. Außerdem benötigt die GmbH den Überziehungsrahmen für das tägliche Geschäft (insbesondere Nutzung von Skonto).

Firmendarlehen

Nehmen Sie die gültigen Kreditkonditionen Ihrer Bank, z. B. 6,5 %. Gehen Sie bei der Laufzeit vom Abschreibungszeitraum des LKW aus. Grundsätzlich können Sie ein Annuitäten- oder ein Abzahlungsdarlehen anbieten.

Leichter zu rechnen ist das Abzahlungsdarlehen.

Beispiel:

- Laufzeit: 5 Jahre
- Jährliche Rückzahlung 20.000,00 EUR : 5 = 4.000,00 EUR + 6,5 % von 20.000,00 EUR = 1.300,00 EUR
- 1. Monatsrate = (4.000,00 + 1.300,00) : 12 = 441,67 EUR.

Durch die Tilgungen sinken die Folgeraten.

Bei einem Annuitätendarlehen ist die anfängliche Tilgung niedriger als 20 %, denn die sinkenden Zinsen innerhalb der Annuität werden durch Tilgungen aufgefüllt. Geeignet ist z. B. ein Tilgungssatz von 17 % = Annuität 391,67 EUR. Hier läuft das Darlehen nach 58 Monaten aus. Das können Sie in der kurzen Vorbereitungszeit nicht ausrechnen. Deshalb gibt es nur zwei Möglichkeiten:

- Sie legen einen Tilgungssatz niedriger als beim Abzahlungsdarlehen fest. Bei kurz laufenden Darlehen darf aber der Abschlag nicht zu hoch sein (Beispiel: 20 % zu 17 %).

Oder

- Sie arbeiten mit Tabellen der AZUBI-Bank.

Fragen Sie Herrn Friesner, mit welcher Belastung er kalkuliert hat, beziehungsweise ob er mit dieser Belastung einverstanden ist.

Es kann Ihnen natürlich passieren, dass Herr Friesner versucht, mit Ihnen die Konditionen herunterzuhandeln. Nutzen Sie Ihren Spielraum, und verkaufen Sie ihm Ihren Vorschlag als individuell und günstig.

Firmendarlehen

Wichtig: Bei Konditionen unter Ihrem „Spielraum" sollten Sie die Geschäftsleitung einschalten. Das Ergebnis könnten Sie Herrn Friesner später telefonisch mitteilen.

Als geeignete Sicherheit bietet sich die Sicherungsübereignung an. Die Bank wird Eigentümerin und mittelbare Besitzerin, der Darlehensnehmer bleibt unmittelbarer Besitzer. Rechtlich handelt es sich um einen Eigentumserwerb mit Besitzmittlungsverhältnis (Besitzkonstitut). Zur Sicherheit behalten Sie den KFZ-Brief ein und verlangen eine Vollkaskoversicherung (eventuell mit Selbstbeteiligung).

Praxis-Tipp:

Zeichnen Sie Herrn Friesner den Ablauf bei der Sicherungsübereignung auf. Dann kann er Ihren Ausführungen besser folgen.

Anschlussgeschäft: Bieten Sie die Vollkaskoversicherung an.

Natürlich kommen auch andere Sicherheiten, wie Bürgschaft, Sicherungsgrundschuld usw. in Frage.

Sollte es nicht zum Abschluss kommen, weil Herr Friesner das Geschäft beispielsweise mit den Gesellschaftern absprechen muss, versuchen Sie auf jeden Fall einen neuen Termin oder einen Rückruf zu vereinbaren.

Vergessen Sie nicht, Herrn Friesner auf ein mögliches Privatkonto bei Ihrer Bank anzusprechen. Vorteil: Finanzierung aus einer Hand.

3. Dokumentäre Zahlungen im Außenhandel

Situation

Die Natur & Büro GmbH, ein Großhandelsbetrieb für ökologische Büroartikel, hat Kontakt zu einem Lieferanten aus Indien aufgenommen. Die indische Firma vertreibt ökologische Artikel, die in Indien hergestellt werden. Für die Natur & Büro GmbH sind Sisal- und Baumwollmatten, Besen und Tee interessant. Diese Produkte würden das Sortiment ideal erweitern.

Herr Friesner, der Geschäftsführer der GmbH, hat Ihnen diese Informationen in einem kurzen Telefonat gegeben. Außerdem sprach er von einem Volumen in Höhe von ca. 5.000,00 USD. Die indische Firma wünscht Zahlung per Dokumentenakkreditiv, mindestens aber Dokumenteninkasso. In dem heutigen Gespräch möchte er über Kursrisiken und dokumentäre Zahlungsformen informiert werden.

VII Führen Sie das Gespräch. Zeigen Sie dabei die möglichen Kursrisiken auf und erklären Sie die Zahlungsformen.

Kontospiegel Natur & Büro GmbH				
Kto.-Nr.	Kontoart	Kontostand	Zins	Sonstiges
750 602 312	Kontokorrentkonto	H 22.735,00 EUR	S 8,5 %	Kontokorrentkredit 15.000,00 EUR, durchschnittlicher Kontostand H 10.467,00 EUR
820 384 928	Kredit	S 18.450,00 EUR	S 6,5 %	Finanzierung eines Transporters

Lösungsvorschläge mit wichtigen verkäuferischen und prüfungstaktischen Tipps finden Sie unmittelbar im Anschluss an diese Aufgabe.

Dokumentäre Zahlungen im Außenhandel

Lösungsvorschläge

Was sollten Sie beim Gespräch beachten?

- Nehmen Sie Bezug auf das Vorgespräch und fragen Sie, ob der Kleintransporter schon geliefert wurde und ob mit dem Darlehen alles in Ordnung ist.
- Befragen Sie Herrn Friesner zu der Firma in Indien. Wie ist der Kontakt entstanden? Welche Produkte bietet diese an? In welcher Form findet die Zusammenarbeit statt?
- Listen Sie die Informationen auf, die Sie vorab erhalten haben. Das zeigt dem Kunden Ihr Interesse an dem Geschäft.
- Zeigen Sie an einem rechnerischen Beispiel das mögliche Kursrisiko, wenn die GmbH in USD zahlen muss.
- Stellen Sie übersichtlich die wichtigsten Schritte der dokumentären Zahlungsformen dar. Machen Sie sich dazu Ablaufschemen.
- Bieten Sie Herrn Friesner den Service der Außenhandelsabteilung Ihrer Zentrale an. Möglich ist beispielsweise die komplette Übernahme des dokumentären Schriftverkehrs oder die Beschaffung von Adressen interessanter Lieferanten.

Welche fachlichen Inhalte können von Ihnen erwartet werden?

Klären Sie am Anfang nochmals die Eckpunkte des Geschäftes ab. Vergleichen Sie Herrn Friesners Informationen mit Ihren Notizen.

Da die GmbH in USD zahlen soll, hat sie ein Kursrisiko. Könnte man sich auf EUR einigen, wäre das Problem beseitigt.

Das Kursproblem kann man am besten an einem einfachen Beispiel darstellen:

Kalkulierter Kurs 1 EUR = 1,10 USD, Kurs bei Zahlung 1 EUR = 1,00 USD. Damit ist der USD auf- und der EUR abgewertet. Setzt man den Zahlungsbetrag ein, ergibt sich folgendes Bild:

Kalkulierter Kurs 5.000,00 USD = 4.545,45 EUR, Kurs bei Zahlung 5.000,00 USD = 5.000,00 EUR. Damit muss die GmbH über 450,00 EUR mehr zahlen, als sie kalkuliert hatte.

Dokumentäre Zahlungen im Außenhandel

Nennen Sie Herrn Friesner auch den aktuellen USD-Kurs. Sicher möchte er auch wissen, wie die Entwicklung in den letzten Monaten war. Eine Zukunftsprognose wäre für ihn ebenfalls sehr interessant.

Bieten Sie Herrn Friesner zur Absicherung einen Devisenterminkauf an. Dabei wird heute schon der Kurs festgelegt, zu dem die GmbH per Termin die Devisen kauft. Bei dem relativ geringen Betrag scheint das Kursrisiko auch tragbar.

Sowohl Dokumenteninkasso als auch -akkreditiv lassen sich sehr gut an einem Ablaufschema darstellen. Erklären Sie aber nur die wichtigsten Punkte in diesem Ablauf.

- Dokumenteninkasso:

Dokumentäre Zahlungen im Außenhandel

Beim Inkasso erhält die Natur & Büro GmbH die Dokumente (Voraussetzung für die Auslieferung der Ware) nur, wenn sie den entsprechenden Gegenwert zahlt. In der Praxis werden die Dokumente über die AZUBI-Bank laufen. Diese wird das Konto der GmbH belasten und die Dokumente weitergeben. Die Dokumente berechtigen dann zur Auslieferung der Ware z. B. in Hamburg. Dem Importeur bleibt bei dieser Zahlungsform das Annahme- und Zahlungsrisiko.

- Dokumentenakkreditiv:

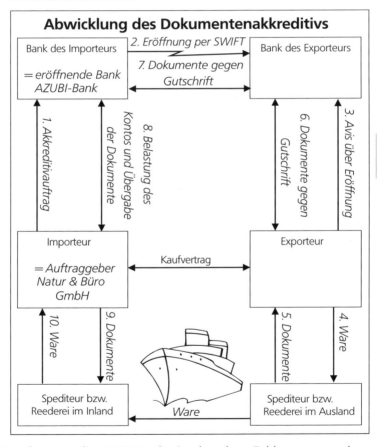

Hier gibt z. B. die AZUBI-Bank ein abstraktes Zahlungsversprechen gegenüber dem Exporteur ab. Sie zahlt, wenn ordnungsgemäße Dokumente vorgelegt werden. Dieses Zahlungsversprechen wird dem Exporteur über seine Bank (avisierende Bank) mitgeteilt. Annahme- und Zahlungsrisiko entfällt damit für den Exporteur.

Für die GmbH ist das Akkreditiv natürlich die teurere Zahlungsform, denn für das Zahlungsversprechen verlangt die Bank eine Provision. Außerdem ist die Dokumentenprüfung schwieriger, was sich in höheren Gebühren niederschlägt. Herr Friesner sollte das bei seinen Preisverhandlungen berücksichtigen.

Die Höhe der Provision und Gebühren könnten Sie eventuell Ihrer Konditionsübersicht entnehmen. Finden Sie die Daten dort nicht, was wahrscheinlich ist, bieten Sie Herrn Friesner an, ihm die aktuellen Werte nach Rückfrage mit den Spezialisten telefonisch durchzugeben. Das wird die Prüfungskommission so akzeptieren.

Bieten Sie Herrn Friesner an, die komplette Dokumentenabwicklung über die Bank laufen zu lassen. Damit kann die GmbH von der Erfahrung der Mitarbeiter der Außenhandelsabteilung profitieren. Weisen Sie auch auf Lieferantendatenbanken hin, die Ihre Bank führt. Vielleicht sind hier auch interessante Adressen für die Natur & Büro GmbH enthalten.

Lassen Sie Herrn Friesner nicht gehen, ohne einen weiteren Gesprächstermin zu vereinbaren. Kann er im Moment diesen noch nicht nennen, bieten Sie an, in den nächsten Tagen telefonisch nachzufragen.

Wünschen Sie ihm zum Abschluss viel Erfolg bei seinen Geschäften. Vielleicht ergibt es sich, dass er geschäftlich nach Indien reisen kann. Das wäre sicher interessant für ihn.

Geschäftsführer Joachim Friesner

1. Kontoeröffnung mit MaestroCard und Kreditkarte 138
2. Anlage in Investmentfonds 142
3. Baufinanzierung – Vorgespräch 147
4. Baufinanzierung – Hauptgespräch 154

1. Kontoeröffnung mit MaestroCard und Kreditkarte

Situation

Der Geschäftsführer der Natur & Büro GmbH, Joachim Friesner, hat sich entschieden, auch sein Privatkonto bei der AZUBI-Bank zu führen. Wir kennen Herrn Friesner aus der Kontobeziehung zur GmbH und wissen daher, dass er zusammen mit der Unternehmung nach Bamberg umgezogen ist.

Herr Friesner ist spontan vorbeigekommen.

Folgende Wünsche hat er: Vollmacht für seine Ehefrau Frizzi Friesner, geb. Müller, MaestroCard für ihn und seine Frau und eine Kreditkarte.

Eröffnen Sie das Konto, und erfüllen Sie so weit wie möglich die Wünsche von Herrn Friesner.

Persönliche Angaben: Joachim Friesner	
Joachim Friesner	31 Jahre alt
	Geschäftsführer
	verheiratet
	keine Kinder

Lösungsvorschläge mit wichtigen verkäuferischen und prüfungstaktischen Tipps finden Sie unmittelbar im Anschluss an diese Aufgabe.

Kontoeröffnung mit MaestroCard und Kreditkarte

Lösungsvorschläge

Was sollten Sie beim Gespräch beachten?

- Drücken Sie Ihre Freude aus, dass Herr Friesner jetzt auch sein privates Konto bei der Bank eröffnet. Das spricht sicher für die gute Geschäftsbeziehung zur GmbH.

- Fragen Sie ihn, ob er sich mit seiner Frau schon eingelebt hat, und ob er Zeit hatte, sich die schöne Umgebung anzusehen.

- Informieren Sie sich auch, wie sich die Geschäfte mit Indien gestalten. Herr Friesner war erst vor kurzem als Geschäftsführer der Natur & Büro GmbH deswegen bei Ihnen. Er freut sich bestimmt, wenn Sie ihn darauf ansprechen.

- Fragen Sie, ob Sie die Kontobeziehung bei einer anderen Bank auflösen sollen. Eventuell handelt es sich um eine Partnerbank (Umzugsservice). Herr Friesner ist ja umgezogen.

- Aufgrund der sehr guten Erfahrung mit der Natur & Büro GmbH sollten Sie gegenüber Herrn Friesner nicht den Eindruck machen, als müssten Sie vor der Ausgabe von MaestroCard und Kreditkarten seine Kreditwürdigkeit prüfen.

- Denken Sie an Anschlussgeschäfte. Vielleicht erfahren Sie im Gespräch von Wertpapieren, die Herr Friesner bei anderen Banken angelegt hat. Auf jeden Fall sollten Sie ihn zu Geldanlageformen befragen.

Welche fachlichen Inhalte können von Ihnen erwartet werden?

Mit einer offenen Frage zu Beginn können Sie Herrn Friesner nach seinen Vorstellungen zu seiner privaten Kontoführung fragen.

Eröffnen Sie das Konto für Herrn Friesner. Wählen Sie dabei das passende Kontomodell aus. Denken Sie an die Legitimation (eventuell Übernahme aus der GmbH) und eine Unterschriftenprobe. Klären Sie auch, wie das Konto lauten soll.

Kontoeröffnung mit MaestroCard und Kreditkarte

Da seine Frau beim Gespräch nicht dabei ist, machen Sie Notizen, was noch zu erledigen ist. Frau Friesner muss sich legitimieren und auf dem Unterschriftenblatt unterzeichnen.

Fragen Sie nach Daueraufträgen für z. B. Miete, Sparformen und eventuell nach Anlagen nach dem 5. VermBG und dem WoPG. Wahrscheinlich ist aber das Einkommen von Herrn Friesner für eine Förderung zu hoch. Wenn das so ist, bieten Sie ihm alternative Anlageformen an.

Da die Eröffnung eines Girokontos auch einen Zahlungsdiensterahmenvertrag beinhaltet, müssten Sie vorweg dem Kunden, vorvertragliche Informationen zu dem Rahmenvertrag geben. Dadurch würde aber viel Zeit für die eigentliche Beratung verloren gehen. Sprechen Sie deshalb vorweg das Thema an.

Selbstverständlich beantragen Sie zwei MaestroCards für Herrn und Frau Friesner. Bevollmächtigte können eine MaestroCard erhalten. Allerdings benötigen Sie die Unterschrift von Frau Friesner. Geben Sie den Antrag Herrn Friesner mit. Natürlich kann Frau Friesner auch bei Ihnen vorbeikommen.

Fragen Sie Herrn Friesner, welche Kreditkarte(n) er bisher gehabt hat und ob er häufig reist. Bieten Sie ihm entsprechend MasterCard und/oder VISA-Card als Normal- oder Goldversion an. Erarbeiten Sie die Vorteile des Kreditkartendoppels (MasterCard und VISA-Card). Damit ist der Kunde in allen Ländern der Welt gut bedient, denn die Akzeptanz der einzelnen Karten ist länderbedingt unterschiedlich. Zeigen Sie ihm auch die Vorteile der jeweiligen Goldversion der Kreditkarte auf (besserer Versicherungsschutz usw.). Nutzen Sie hierzu die Prospekte Ihrer Bank. Bieten Sie Herrn Friesner wenn möglich ein geeignetes Kontomodell (evtl. mit beiden Karten) an.

Sprechen Sie Herrn Friesner auf Geldanlagemöglichkeiten an. Eventuell hat er z. B. schon ein Depot bei einer anderen Bank. Zeigen Sie ihm die Vorteile auf, wenn die Kontoverbindung in einer Hand liegt. Bei Bedarf geben Sie Standardinformationen, etwa zu Sparformen, Anlagen in Fonds, festverzinslichen Wertpapieren, Aktien usw.

Vereinbaren Sie einen neuen Termin, wenn möglich zusammen mit Frau Friesner. Hier kann dann die fehlende Legitimation erfolgen.

Außerdem können die Karten ausgegeben und die entsprechenden Unterschriften geleistet werden. Zeigt Herr Friesner Interesse an den vorgeschlagenen Geldanlagemöglichkeiten, kann am vereinbarten Termin das nötige Gespräch geführt werden.

Geben Sie dem Kunden eine Visitenkarte mit. Klären Sie ab, ob Sie Herrn Friesner anrufen dürfen, wenn Sie ein interessantes Angebot für ihn haben. Sagen Sie ihm beim Verabschieden noch einmal, dass Sie sich freuen, dass er mit der Kontoeröffnung zu Ihnen gekommen ist.

Wichtige EUR-Beträge bei Zahlungskarten:

- Der maximale GeldKarten-Ladebetrag liegt bei 200,00 EUR. Evtl. kann die Karte Ihrer Bank auch für die Zahlungsform girogo eingesetzt werden. Hier können Zahlungen bis zu 20,00 EUR kontaktlos an geeignete Kassen geleistet werden.
- Die maximale Haftungsgrenze bei der MasterCard beträgt 50,00 EUR.

  Voraussetzungen: Die Karte wurde sorgfältig aufbewahrt und die unverzügliche Verlustanzeige ist erfolgt.
- Bei der MaestroCard, girocard wird ein Institutslimit (z. B. 2.000,00 EUR pro Tag) gewährt.
- Das Floorlimit bei girocards beträgt z. B. 500,00 EUR.
- Eine Ersatzautorisierung bei girocards kann zusätzlich z. B. über 700,00 EUR erfolgen, beim Einsatz als MaestroCard über 200,00 EUR (kein Floorlimit).

2. Anlage in Investmentfonds

> **Situation**

Joachim Friesner interessiert sich für die Anlage in Investmentfonds. Erfahrungen mit festverzinslichen Wertpapieren hat er bereits. Das Depot wird bei einer anderen Bank geführt. Das wissen Sie aus Ihrem Gespräch mit Herrn Friesner zur Girokontoeröffnung.

Die Kontoverbindung existiert erst seit drei Monaten. Das Sparkonto wurde von einer anderen Bank übertragen.

Er möchte einen Teil des Sparvermögens und einen monatlich festen Betrag anlegen. Das Geld soll für spätere Anlagen, eventuell auch der Altersvorsorge, dienen. Diese Informationen gab Herr Friesner in einem telefonischen Vorgespräch.

Frau Friesner kann aufgrund ihrer Schwangerschaft an dem Gespräch nicht teilnehmen.

Informieren Sie Herrn Friesner über die Anlage in Investmentfonds. Zeigen Sie ihm auch die Möglichkeiten der Freistellung (Freistellungsvolumen Ehepaar Friesner bei fremden Instituten 500,00 EUR) und erklären Sie ihm die Versteuerung.

Persönliche Angaben: Joachim Friesner	
Joachim Friesner	31 Jahre alt
	Geschäftsführer
	verheiratet
	keine Kinder
	Hobbymusiker
	(spielt Saxophon beim Musikverein Obertrubach)

Anlage in Investmentfonds

Kontospiegel: Joachim Friesner

Kto.-Nr.	Kontoart	Kontostand	Zins	Sonstiges
				Freistellungsauftrag: 1.102,00 EUR
210 785 312	Girokonto	H 3.200,00 EUR	S 11,5 %	2 MaestroCards (eine für die bevollmächtigte Ehefrau), Kreditkartendoppel (VISA-Card und MasterCard)
450 342 687	Sparkonto Frizzi oder Joachim Friesner	H 11.000,00 EUR	H 0,25 %	Standardkündigung

Lösungsvorschläge mit wichtigen verkäuferischen und prüfungstaktischen Tipps finden Sie unmittelbar im Anschluss an diese Aufgabe.

Anlage in Investmentfonds

> **Lösungsvorschläge**

Was sollten Sie beim Gespräch beachten?

- Fragen Sie nach dem Gesundheitszustand von Frau Friesner und dem Monat der Schwangerschaft. Vielleicht wissen die Eheleute schon das Geschlecht des Kindes. Notieren Sie sich den möglichen Geburtstermin. Sie wollen doch sicher eine Karte schicken und vielleicht ein Sparbuch mit kleinem Startkapital schenken.

- Klären Sie mit Herrn Friesner, ob die neue Kontoverbindung nach seinen Wünschen verläuft.

- Drücken Sie Ihre Freude aus, dass Herr Friesner jetzt zusätzlich beabsichtigt, Wertpapieranlagen in Ihrem Haus zu tätigen. Eventuell kann man ihn auch auf die gelungene Übertragung des Sparkontos ansprechen.

- Stellen Sie das Prinzip des Fondssparens grafisch dar. Außerdem zeigen Sie die Versteuerung an einem Beispiel. Suchen Sie sich zusätzlich passendes Prospektmaterial, Fondsporträts und Charts, und nutzen Sie dieses Material zur Verdeutlichung.

- Eine gute Beratung bewegt Herrn Friesner vielleicht, auch das Depotkonto auf die AZUBI-Bank zu übertragen.

- Denken Sie an Anschlussgeschäfte. Es bieten sich Geldanlagen für das Neugeborene oder auch eine Aussteuerversicherung an.

  Weiter könnten Sie eine private Altersversorgung für Frau Friesner oder Alternativanlagen für einen Teil des Sparvermögens anbieten.

  Vielleicht beabsichtigen die beiden bald eine größere Wohnung oder ein Haus zu kaufen. Auch in diesem Zusammenhang können Sie Angebote machen.

Anlage in Investmentfonds

Welche fachlichen Inhalte können von Ihnen erwartet werden?

Fassen Sie zu Beginn das zusammen, was Herr Friesner Ihnen telefonisch mitgeteilt hat. Fragen Sie ihn, ob Sie sich alles richtig notiert haben. Klären Sie noch fehlende Informationen.

Halten Sie die Kundenangaben für Geschäfte in Finanzinstrumenten bereit und füllen Sie die Seiten zusammen mit Herrn Friesner aus. Fragen Sie den Kunden, wie er sich die Anlage vorgestellt hat (z. B. 5.000,00 EUR aus dem Sparvermögen und Anlage von 100,00 EUR pro Monat).

Über die Frage nach den steuerlichen Aspekten der Anlage erhalten Sie vielleicht von Ihrem Kunden als Nebenprodukt Informationen über die Kontoverbindung bei anderen Instituten.

Nachdem Sie abgeklärt haben, dass Fonds auch die richtige Anlageform für Ihren Kunden sind, erklären Sie ihm die wichtigsten Grundzüge.

> **Praxis-Tipp:**
>
> Fonds lassen sich gut am „Topf" erklären. Der Fondsmanager kauft verschiedene Wertpapiere, die er in einen „Topf" legt. Der Kunde ist mit seinen Anteilen an diesem „Vermögenstopf" beteiligt.

Stellen Sie Herrn Friesner hauptsächlich Wertpapierfonds vor. Geeignet könnte ein gemischter Fonds (festverzinsliche Wertpapiere und Aktien) sein oder eine Anlage in einen Dachfonds. Nutzen Sie dabei die Unterlagen Ihrer Bank. Immobilienfonds sollten Sie nur auf Nachfragen erklären.

Wichtig ist auch der Vergleich der Anlage in Wertpapieren (festverzinsliche Wertpapiere oder Aktien) zu der in Fonds.

Vorteile des Fonds sind:

- Risikomischung
- Kleine Stückelung
- Verwaltung durch Fachleute

Anlage in Investmentfonds

Zeigen Sie Herrn Friesner im Zusammenhang mit der kleinen Stückelung die Anlage von regelmäßig 100,00 EUR (Cost-Average-Effekt).

Preis je Anteil	Erworbene Anteile	Durchschnittlicher Preis (Cost-Average)
24,30 EUR	4,115	
28,54 EUR	3,504	
22,50 EUR	4,444	
Ø 25,11 EUR	12,063	24,87 EUR

Wenn der Kunde also immer 100,00 EUR anlegt und dieser Betrag komplett für den Kauf von Fondsanteilen genutzt wird, liegt der durchschnittliche Kaufpreis (300,00 EUR : 12,063 Anteile) bei 24,87 EUR. Dagegen liegt der Durchschnittspreis der Anteile ([24,30+28,54+22,50]:3) bei 25,11 EUR.

Erklären Sie ihm auch die Begriffe Ausgabe- und Rücknahmepreis. Häufig wird ein Ausgabeaufschlag verlangt, der den Ausgabepreis erhöht. Dieser Aufschlag deckt die Kosten des Vertriebs. Viele Fonds werden inzwischen auch über die Börse gehandelt. Dann lohnt sich eventuell der Kauf über die Börse (Kosten = Ausgabeaufschlag) und die Rückgabe direkt an die Fondsgesellschaft (kein Aufschlag).

Abzüge:

25 % Abgeltungsteuer
daraus 5,5 % Solidaritätszuschlag
und 8 bzw. 9 % Kirchensteuer (bei Angabe der Konfession). Dann beträgt der Abgeltungsteuersatz 24,51 % (8 % Kirchensteuer) bzw. 24,45 % (9 % Kirchensteuer).

Hinweis: Mehr Informationen zur Entwicklung bei der Kirchensteuer finden Sie auf Seite 49.

> **Praxis-Tipp:**
> Rechnen Sie bei diesem Fall auch mit Fragen zur Riester-Rente. Die Banken bieten hier auch Fondssparpläne an. Dabei muss garantiert werden, dass mindestens die eingezahlten Beträge für die Auszahlungsphase zur Verfügung stehen.

Insgesamt haben die Eheleute Friesner ein Freistellungsvolumen von 1.602,00 EUR. Zieht man die 500,00 EUR ab, die außer Haus genutzt sind, bleiben 1.102,00 EUR. Das reicht auf jeden Fall, um den Sparvertrag und die Fonds freizustellen.

Entscheidet sich Herr Friesner zur Anlage in Fonds, müssen Sie noch den vereinbarten Betrag vom Sparkonto übertragen und einen Dauerauftrag für die regelmäßige Sparrate ausfüllen und unterschreiben lassen. Herr Friesner kann über das Sparkonto allein verfügen (Oder-Konto). Will er die Anlage erst mit seiner Frau absprechen, vereinbaren Sie auf jeden Fall einen neuen Termin.

Und wenn nach dieser ausführlichen Beratung noch Platz für Anschlussgeschäfte ist, dann denken Sie an das werdende Leben.

Dieses Beratungsgespräch verlangt neben der Bearbeitung des Wertpapierberatungsbogens auch das Erstellen eines Beratungsprotokolls. Dadurch würde aber viel Zeit für die eigentliche Beratung verloren gehen. Sprechen Sie deshalb vorweg das Thema an.

3. Baufinanzierung – Vorgespräch

Situation

Die Eheleute Friesner haben sich zu einem Gespräch über eine mögliche Baufinanzierung bei Ihnen angemeldet. Sie wissen aus mehreren Gesprächen, dass Frizzi und Joachim Friesner schon seit geraumer Zeit ein geeignetes Objekt suchen. Jetzt liegt Ihnen folgendes Angebot eines bekannten Bauträgers vor:

Baufinanzierung – Vorgespräch

> Doppelhaushälfte in massiver Ziegelbauweise mit überdurchschnittlicher Ausstattung, Änderungswünsche und Eigenleistungen sind möglich, voll unterkellert, 120 m² Wohnfläche, zzgl. 21 m² Dachstudio möglich, Grundstücksgröße 350 m².
> Schlüsselfertiger Festpreis: 212.000,00 EUR.

Folgende Unterlagen und Informationen geben die Friesners Ihnen:

- Einkommensteuerbescheid des letzten Jahres

   zu versteuerndes Einkommen der Eheleute Friesner:
   65.000,00 EUR

- Nettogehalt: 4.150,00 EUR

- Joachim Friesner kann einen Bausparvertrag über 80.000,00 EUR einbringen, auf dem 33.400,00 EUR eingezahlt sind. Der Vertrag wird in sechs Monaten fällig.

- Frizzi Friesner erhält von ihren Eltern einen Zuschuss von 30.000,00 EUR.

- Die Investmentanteile sollen verkauft und vom Sparvertrag die Hälfte eingesetzt werden.

Besprechen Sie in einem Beratungsgespräch die Möglichkeiten einer Finanzierung, der Sicherstellung des Darlehens und berechnen Sie die Belastungen. Erklären Sie den Kunden zusätzlich den weiteren Ablauf der Finanzierung.

Baufinanzierung – Vorgespräch

Persönliche Angaben: Joachim Friesner	
Joachim Friesner	32 Jahre alt Geschäftsführer verheiratet eine Tochter (10 Tage alt) Hobbymusiker (spielt Saxophon beim Musikverein Obertrubach)

Kontospiegel: Joachim Friesner				
Kto.-Nr.	Kontoart	Kontostand	Zins	Sonstiges
				Freistellungsauftrag: 1.102,00 EUR
210 785 312	Girokonto	H 4.300,00 EUR	S 11,5 %	2 MaestroCards (eine für die bevollmächtigte Ehefrau) Kreditkartendoppel (VISA-Card und MasterCard)
450 342 687	Sparkonto Frizzi oder Joachim Friesner	H 6.000,00 EUR	H 0,25 %	Standardkündigung
820 655 734	Depot Investmentfonds Rentadent	H 5.956,37 EUR		221 Anteile – durchschnittlicher Ankaufskurs 26,95 EUR – Rücknahmepreis zurzeit 28,10 EUR

Lösungsvorschläge mit wichtigen verkäuferischen und prüfungstaktischen Tipps finden Sie unmittelbar im Anschluss an diese Aufgabe.

Lösungsvorschläge

Was sollten Sie beim Gespräch beachten?

- Falls Sie es noch nicht getan haben, sollten Sie den Friesners zur Geburt ihrer Tochter gratulieren. Fragen Sie nach der Kleinen. Junge Eltern sind stolz und erzählen gern von ihrem Kind. Haben Sie ein Lätzchen, eine Spardose, eine Rassel oder Ähnliches in Ihrer Schublade? Vergessen Sie aber nicht, sich auch nach dem „Zustand" der frisch gebackenen Eltern zu erkundigen.

- Lassen Sie sich von den Eheleuten Informationen über die Doppelhaushälfte geben. Bauherren sind meist von ihrem Plan begeistert. Nutzen Sie diese Begeisterung für das Finanzgespräch aus.

- Machen Sie sich genaue Notizen über Eigenmittel, Darlehen und Belastung. Führen Sie das Gespräch anhand dieser Notizen und lassen Sie die Eheleute Einblick nehmen.

- Eine Aufstellung über alle notwendigen Informationen, die benötigten Unterlagen und die einzuhaltenden Formalitäten erleichtert Ihnen und Ihren Kunden den Überblick.

- Vergessen Sie nicht, die Eheleute zu Kosten zu fragen, die sie bisher nicht genannt haben.

- Anschlussgeschäfte sind im Moment noch nicht ernsthaft möglich, da es sich nur um ein Vorgespräch handelt. Weisen Sie aber darauf hin, dass nötige Versicherungen auch bei Ihnen abgeschlossen werden können.

Baufinanzierung – Vorgespräch

Welche fachlichen Inhalte können von Ihnen erwartet werden?

Erstellen Sie zusammen mit dem Ehepaar Friesner eine Aufstellung über Kosten, die auf sie zukommen und die Eigenmittel, die sie einbringen. Mit diesen Angaben können Sie sehr gut die Finanzierungslücke ermitteln. Fragen Sie auch nach Anlagen bei einer Fremdbank (evtl. erkennbar über den FSA).

Finanzierungsbedarf: Doppelhaushälfte	
Schlüsselfertiger Festpreis aufgerundet	220.000,00 EUR
– Fällige Bausparsumme (davon 46.600,00 EUR Kredit)	80.000,00 EUR
– Zuschuss der Eltern von Frizzi Friesner	30.000,00 EUR
– Eigenmittel aus Fonds (abgerundet) und Sparvertrag (teilweise)	9.000,00 EUR
= Finanzierungsbedarf	101.000,00 EUR

Anhand einer Einnahmen- und Ausgabenrechnung können Sie gemeinsam mit den Kunden ausrechnen, was ihnen im Monat übrig bleibt. Diese Aufstellung verdeutlicht den Kunden ihre Situation. Deshalb werden sie sich auch an Ihrer Rechnung konzentriert beteiligen, denn es geht ja schließlich um ihr Geld. Fragen Sie auch immer nach, ob die eingetragenen Belastungen so in Ordnung sind.

VIII

Baufinanzierung – Vorgespräch

Haushaltsrechnung	
Monatliches Nettoeinkommen	4.150,00 EUR
+ Kindergeld	184,00 EUR
– Beiträge für zwei Lebensversicherungen (erfragt)	300,00 EUR
– Lebenshaltungskosten: Hier können Sie sich an den Vorgaben Ihrer Bank orientieren. Unser Vorschlag: 400,00 EUR pro Erwachsener, 200,00 EUR pro Kind =	1.000,00 EUR
– Kosten für die Darlehen (siehe unten)	900,83 EUR
= Rest	2.133,17 EUR

Sprechen Sie ein Lob an Ihre Kunden aus, dass das zur Verfügung stehende Einkommen eine sehr gute Ausgangslage darstellt. Machen Sie nun ein auf die Bedürfnisse der Kunden abgestelltes Angebot. Lassen Sie sich Ihre Annahmen beim Bausparvertrag durch die Eheleute bestätigen.

Monatliche Belastungen	
Bausparvertrag Aufgrund der Zahlen handelt es sich um einen Vertrag mit 40% Anzahlung und 60 % Kredit. Die monatliche Leistung bei diesem Vertrag liegt in der Regel bei 6 ‰ der Bausparsumme. 80.000,00 EUR x 6 ‰ =	480,00 EUR
Darlehen über 101.000,00 EUR 3,0 % Zins und 2 % anfängliche Tilgung 101.000,00 EUR x 5,0 % : 12 Monate =	420,83 EUR
= Summe der monatlichen Belastungen	900,83 EUR

Die Finanzierung ist ohne Probleme möglich. Der restliche Betrag von 2.133,17 EUR reicht aus, die nicht berücksichtigten Kosten (z. B. Hausversicherungen) zu decken. Die Eheleute können auch in Zukunft Gelder zurücklegen, um z. B. einen neuen PKW zu finanzieren oder in den

Urlaub zu reisen. Sagen Sie das Ihren Kunden deutlich, denn es ist schön, wenn sich Träume so unproblematisch erfüllen. Geben Sie ihnen eine Zusage.

Sollte Frau Friesner in einem unselbstständigen Arbeitsverhältnis stehen, wäre es sinnvoll, die Eheleute auf die Vorteile von Wohn-Riester hinzuweisen. Der Eigenbeitrag und die staatlichen Förderungen könnten z. B. zum teilweisen Tilgen des Darlehens dienen.

Klären Sie ab, ob die Eheleute Friesner noch Fragen zu den errechneten Zahlen haben. Sagen Sie ihnen, dass es schön wäre, wenn Sie die Hausfinanzierung durchführen könnten. Sie können darüber hinaus auf ein KfW-Darlehen hinweisen. Es reicht aus, wenn Sie Ihren Kunden mit auf den Weg geben, dass Sie sich für sie über eventuelle Sonderprogramme informieren werden.

Wie geht es nun weiter?

Zuerst sollten die Eheleute Friesner die exakten Kosten für das Projekt zusammen mit dem Bauträger errechnen. Dabei ist es wichtig, dass sie die Gesamtausstattung festlegen, damit nicht später nachfinanziert werden muss.

Dann muss ein endgültiges Finanzierungsgespräch mit Abschluss des Vertrags erfolgen. Das ist die Voraussetzung für den Kaufvertrag, der vor einem Notar abgeschlossen wird.

Bevor Bausparkasse und Bank nach Baufortschritt auszahlen, müssen noch zwei Grundschulden in das Grundbuch eingetragen werden. Erklären Sie Ihren Kunden das Prinzip der Sicherstellung und erwähnen Sie auch die entstehenden Kosten.

Vereinbaren Sie mit Friesners einen neuen Termin zum endgültigen Abschluss des Darlehensvertrags. Sollte das im Moment nicht möglich sein, dann bitten Sie um Anruf, sobald die Gespräche mit dem Bauträger abgeschlossen sind. Wünschen Sie ihnen viel Glück bei den Verhandlungen. Natürlich stehen Sie den Kunden für Fragen oder Probleme jederzeit auch telefonisch zur Verfügung.

Vergessen Sie nicht, den Eheleuten Friesner Ihre Aufstellung über die noch fehlenden Informationen und Unterlagen mitzugeben.

Erwähnen Sie noch, dass die nötigen Versicherungen auch in Ihrem Hause abgeschlossen werden können, aber bedrängen Sie sie nicht.

4. Baufinanzierung – Hauptgespräch

Situation

Die Eheleute Friesner haben sich entschlossen, die Doppelhaushälfte in Tütschengereuth zu kaufen. Ein entsprechendes Vorgespräch mit der AZUBI-Bank fand bereits statt.

Jetzt liegt den Eheleuten ein unterschriftsreifer Vertrag der Heinze-Baubetreuung GmbH für die Doppelhaushälfte vor. Insgesamt kostet sie das Haus 185.000,00 EUR. Die Summe muss in Teilraten nach Baufortschritt gezahlt werden. Eine Baugenehmigung liegt vor.

65.000,00 EUR müssen Friesners für das Grundstück (einschließlich Erschließung) bezahlen. In der nächsten Woche findet hierzu ein Gespräch mit einem Notar statt.

Der „schlüsselfertige Gesamtpreis" ist im Vergleich zum Vorgespräch auf 250.000,00 EUR gestiegen. Die Eheleute Friesner sind dabei Ihrem Rat gefolgt und haben ihre Ausstattungswünsche präzisiert und in den Gesamtpreis mit hineinrechnen lassen. Damit ist der Finanzierungsbedarf auf 131.000,00 EUR gestiegen.

Den Zins hat die Bank nach einem Telefonat auf 2,9 % gesenkt. Ansonsten können die Daten aus dem Vorgespräch übernommen werden.

Bevor Frizzi und Joachim Friesner die Verträge unterschreiben, wollen sie mit Ihnen ein abschließendes Finanzierungsgespräch führen. Die folgenden Punkte interessieren die Eheleute:

- Endgültige Darlehenszusage
- Finanzielle Belastungen durch den Hauskauf
- Ablauf der weiteren Schritte – Was muss beachtet werden?

Beraten Sie die Eheleute.

Baufinanzierung – Hauptgespräch

Persönliche Angaben: Joachim Friesner	
Joachim Friesner	32 Jahre alt Geschäftsführer eine Tochter (2 Monate alt) Hobbymusiker (spielt Saxophon beim Musikverein Obertrubach)

Kontospiegel: Joachim Friesner

Kto.-Nr.	Kontoart	Kontostand	Zins	Sonstiges
				Freistellungsauftrag: 1.102,00 EUR
210 785 312	Girokonto	H 3.250,00 EUR	S 11,5 %	2 MaestroCards (eine für die bevollmächtigte Ehefrau) Kreditkartendoppel (VISA-Card und MasterCard)
450 342 687	Sparkonto Frizzi oder Joachim Friesner	H 6.200,00 EUR	H 0,25 %	Standardkündigung
820 655 734	Depot Investmentfonds Rentadent	H 6.027,69 EUR		223 Anteile – durchschnittlicher Ankaufskurs 27,03 EUR – Rücknahmepreis zurzeit 28,30 EUR

VIII

Baufinanzierung – Hauptgespräch

Auszüge aus dem Grundbuch von Tütschengereuth, Band 123, Blatt 56

Bestandsverzeichnis

Lfd. Nr. des Grundstücks	Gemarkung	Wirtschaftsart und Lage	Größe
1	820/6	Mainblick 25, Garten	7 a

Erste Abteilung

Lfd. Nr. der Eintragung	Eigentümer	Lfd. Nr. des Grundstücks im Bestandsverzeichnis	Grundlage der Eintragung
<u>1</u>	<u>Fritz Fricke, geb. 27. Mai 1946</u>	<u>1</u>	<u>Auflassung vom 23. Nov. 1976, eingetragen am 12. Febr. 1977</u>
2	Heinze-Baubetreuung GmbH	1	Auflassung vom 11. Juni 2010, eingetragen am 5. August 2010

Zweite Abteilung

Lfd. Nr. der Eintragung	Gemarkung	Wirtschaftsart und Lage	Größe

Baufinanzierung – Hauptgespräch

Dritte Abteilung

Lfd. Nr. der Eintragung	Lfd. Nr. des Grundstücks	Betrag	Hypotheken, Grundschulden, Rentenschulden
1	1	65.000,00 EUR	Grundschuld ohne Brief fünfundsechzigtausend Euro für die Commerzbank AG, Filiale Bamberg, mit Zinsen zu jährlich 18 vom Hundert, vollstreckbar nach § 800 ZPO. Gemäß Bewilligung vom 6. August 2012, eingetragen am 13. August 2012.

Lösungsvorschläge mit wichtigen verkäuferischen und prüfungstaktischen Tipps finden Sie unmittelbar im Anschluss an diese Aufgabe.

Baufinanzierung – Hauptgespräch

> **Lösungsvorschläge**

Was sollten Sie beim Gespräch beachten?

- Gratulieren Sie den Eheleuten zu der Entscheidung, das Haus zu kaufen. Lassen Sie sich dann von ihnen erzählen, welche Sonderwünsche zu der Erhöhung des Preises führten. Herr und Frau Friesner werden das gerne tun, denn diese Entscheidungen waren wahrscheinlich der Mittelpunkt ihres Lebens in den letzten Wochen, natürlich neben ihrer Tochter (Kontaktthema!).

- Notieren Sie für die Eheleute, welche Schritte jetzt noch auf sie zukommen, beziehungsweise welche Dinge beachtet werden müssen und welche Unterlagen fehlen. Überlegen Sie auch, ob ein KfW-Darlehen einen interessanten Aspekt für Ihre Kunden darstellen könnte.

- Lesen Sie die Aufzeichnungen aus dem Vorgespräch. Die Berechnungen müssen aktualisiert werden.

- Nutzen Sie das Gespräch vor allem für sachliche Informationen. Dafür sind Ihnen Frizzi und Joachim Friesner dankbar.

- Weisen Sie aber darauf hin, dass die nötigen Haus-Versicherungen auch bei Ihnen abgeschlossen werden können. Über den Hinweis auf die Bauherrenhaftpflicht lassen sich hier Anschlussgeschäfte anbahnen.

Welche fachlichen Inhalte könnten von Ihnen erwartet werden?

Aktualisieren Sie zusammen mit dem Ehepaar Friesner die Aufstellungen. Gehen Sie gemeinsam mit den Kunden die neuen Berechnungen durch.

Das Vorgespräch hatte gezeigt, dass die Belastungen gut zu tragen sind. Das Grundstück und Gebäude reicht vom Beleihungswert (80 % Beleihungsgrenze) zur Sicherung des Darlehens aus. Geben Sie deshalb den Eheleuten Friesner eine verbindliche Darlehenszusage über 131.000,00 EUR.

Wegen des höheren Finanzierungsbedarfs ist es angebracht, die monatlichen Belastungen noch einmal darzustellen.

Zur Information:
Bauspardarlehen – Beispiel mit 3,5 % Zins

Quartal	Restdarlehen	Tilgung	Zins	Rate
1	48.000,00 EUR	1.020,00 EUR	420,00 EUR	1.440,00 EUR
2	46.980,00 EUR	1.028,92 EUR	411,08 EUR	1.440,00 EUR
3	45.951,08 EUR	1.037,93 EUR	402,07 EUR	1.440,00 EUR
4	44.913,15 EUR	1.047,01 EUR	392,99 EUR	1.440,00 EUR
38	3.661,30 EUR	1.407,96 EUR	32,04 EUR	1.440,00 EUR
39	2.253,34 EUR	1.420,28 EUR	19,72 EUR	1.440,00 EUR
40	833,05 EUR	833,05 EUR	7,29 EUR	840,34 EUR

Monatliche Belastungen	
Bausparvertrag Aufgrund der Zahlen handelt es sich um einen Vertrag mit 40 % Anzahlung und 60 % Darlehen. Die monatliche Leistung bei diesem Vertrag liegt in der Regel bei 6 ‰ der Bausparsumme. – 80.000,00 EUR x 6 ‰ =	480,00 EUR
Darlehen über 131.000,00 EUR 2,9 % Zins und 2 % anfängliche Tilgung 131.000,00 EUR x 4,9 % : 12 Monate	534,92 EUR
= Belastung aus den Darlehen	1.014,92 EUR

Praxis-Tipp:

Das Zinsniveau ist zurzeit sehr niedrig. Das kommt natürlich allen Kreditnehmern zugute. Ein niedriger Zins bedeutet bei einem Annuitätendarlehen aber auch eine lange Darlehenslaufzeit. Deshalb bieten viele Banken nur noch einen Mindesttilgungssatz von 2 % an.

Baufinanzierung – Hauptgespräch

Bedenken Sie bei Ihrer Beratung, dass die Zinsen während der Laufzeit des Darlehens deutlich steigen können. Dann kann es nach dem Ablauf einer Zinsfestschreibung auch zu einer deutlich höheren Annuität kommen. Bedenken Sie dieses Problem bei der Darlehensentscheidung und informieren Sie den Kunden entsprechend.

Zur Information: Annuitätendarlehen mit 2 % Tilgung

Quartal	Kapital am Jahresanfang	Zinsen	Tilgung	Annuität	Kapital am Jahresende
1	131.000,00 EUR	949,75 EUR	655,00 EUR	1.604,75 EUR	130.345,00 EUR
2	130.345,00 EUR	945,00 EUR	659,75 EUR	1.604,75 EUR	129.685,25 EUR
3	129.685,25 EUR	940,22 EUR	664,53 EUR	1.604,75 EUR	129.020,72 EUR
4	129.020,72 EUR	935,40 EUR	669,35 EUR	1.604,75 EUR	128.351,37 EUR
123	3.247,24 EUR	23,54 EUR	1.581,21 EUR	1.604,75 EUR	1.666,03 EUR
124	1.666,03 EUR	12,08 EUR	1.592,67 EUR	1.604,75 EUR	73,36 EUR
125	73,36 EUR	0,53 EUR	73,36 EUR	73,89 EUR	– EUR

Die nächsten Schritte sind:

- Bevor das Darlehen ausgezahlt werden kann, muss eine Grundschuld über 131.000,00 EUR in das Grundbuch an erster Rangstelle eingetragen werden. Das setzt aber voraus, dass das Grundstück auf die Eheleute Friesner übertragen wird und die noch eingetragene Grundschuld zugunsten der Commerzbank gelöscht wird. Eine Übertragung (Abtretung) der Grundschuld wäre etvl. möglich.

- Ähnlich wird die Bausparkasse mit ihrem Darlehen verfahren. Allerdings ist sie mit einer Eintragung an zweiter Rangstelle zufrieden.

- Deshalb muss jetzt zuerst der Kaufvertrag über das Grundstück vor einem Notar (notarielle Beurkundung) abgeschlossen werden. Das sollten Friesners nur tun, wenn die bestehende Grundschuld gelöscht ist und das Grundstück damit unbelastet ist. Außerdem sollte darauf geachtet werden, dass so schnell wie möglich eine Auflassungsvormerkung (Zweite Abteilung) eingetragen wird. Der eigentliche Eigentumsübergang, die Auflassung, wird erst später eingetragen, weil sie noch an weitere Voraussetzungen geknüpft ist.

- Mit der Auflassungsvormerkung ist der Eigentumsübergang zwar nicht vollzogen, aber gesichert. Jetzt können die Grundschulden für die Bank und die Bausparkasse eingetragen werden. Die nötigen Vorarbeiten erledigt die Bank.

- Gleichzeitig können Friesners natürlich den Kauf- oder Baubetreuervertrag für das Haus abschließen. In der Regel wird der Betrag nicht in einer Summe fällig, sondern nach Baufortschritt gezahlt.

- Die ersten Zahlungen sollten Friesners mit ihrem Eigenkapital decken. Dazu gehört auch das Sparvermögen des Bausparvertrags. Später werden dann auch die Kredite eingesetzt.

- Wenn dann nach einigen Monaten die Auflassung in die erste Abteilung des Grundbuchs eingetragen wurde, ist der Eigentumsübergang vollzogen.

Natürlich ist es angebracht, die genannten Schritte für die Kunden festzuhalten. Dann können die Eheleute Friesner sich besser auf das Gespräch konzentrieren.

Bevor Friesners gehen, vergessen Sie nicht, sie darauf hinzuweisen, dass gleich nach dem Grundstückskauf ein Termin für die Grundschuldeintragung(en) und die Unterschriften unter dem Darlehensvertrag vereinbart werden sollte. Fragen Sie die Eheleute, ob Sie sich bei Ihnen melden dürfen oder ob sie sich bei Ihnen melden.

Geben Sie den Kunden Ihre Aufzeichnungen mit.

Sie haben jetzt ein sehr ernstes und für die Kunden schwerwiegendes Gespräch geführt. Lassen Sie es persönlich ausklingen. Fragen Sie z. B. nach der Tochter.

Baufinanzierung – Hauptgespräch

Hinweis: In der Praxis wird man geförderte Darlehen durch die KfW (früher: Kreditanstalt für Wiederaufbau) in die Finanzierung mit einbeziehen.

Erkundigen Sie sich im Vorfeld, ob man das auch von Ihnen im Prüfungsgespräch verlangt.

Informationen zur KfW erhalten Sie unter: www.kfw.de.

Unternehmerin Monika Micklin

1. TecDAX und Aktienoptionen 164
2. Nutzung von Bezugsrechten 169
3. Steuern im Anlagebereich 174
4. Private Altersvorsorge 179
5. Kreditkarte 185

1. TecDAX und Aktienoptionen

Situation

Monika Micklin hat vor einem halben Jahr ihre komplette private Kontoverbindung auf die AZUBI-Bank übertragen.

Die vermögende Kundin ist selbstständig und führt in Nürnberg eine Unternehmensberatung.

Jetzt kommt Frau Micklin zu Ihnen, um sich über die Anlage von Werten, die im TecDAX einbezogen sind, und die Absicherung ihres Aktienpakets (insbesondere VW) durch Termingeschäfte an der EUREX zu informieren. Das Gespräch wurde telefonisch vereinbart.

Führen Sie mit der im Wertpapiergeschäft erfahrenen Kundin das Beratungsgespräch.

Persönliche Angaben: Monika Micklin	
Monika Micklin	35 Jahre alt
	Unternehmerin
	ledig
	keine Kinder
	Fitnessfreak

TecDAX und Aktienoptionen

Kontospiegel: Monika Micklin				
Kto.-Nr.	Kontoart	Kontostand	Zins	Sonstiges
				Freistellungsauftrag: 801,00 EUR
210 675 324	Girokonto	S 1.200,00 EUR	S 11,5 %	MaestroCards
450 342 687	Sparkonto	H 25.000,00 EUR	H 0,25 %	Standardkündigung
820 684 928	Aktien-depot	150 Allianz Kaufkurs 103,00 EUR 15.450,00 EUR 100 Bayer Kaufkurs 73,00 EUR 7.300,00 EUR 500 Daimler Kaufkurs 43,10 EUR 21.550,00 EUR 500 Deutsche Bank Kaufkurs 36,00 EUR 18.000,00 EUR 200 VW Kaufkurs 180,90 EUR 36.180,00 EUR		
820 783 245	Invest-mentfonds	1.200 Anteile Rentenfonds Mischirent (internationale Rentenwerte): Durchschnittlicher Ausgabepreis 27,50 EUR – 33.000,00 EUR		
820 654 328	IHS der AZUBI-Bank	50 IHS zu je 1.000,00 EUR Nennwert fällig in 2 Jahren 2,5 % Zins		

Lösungsvorschläge mit wichtigen verkäuferischen und prüfungstaktischen Tipps finden Sie unmittelbar im Anschluss an diese Aufgabe.

TecDAX und Aktienoptionen

> **Lösungsvorschläge**

Was sollten Sie beim Gespräch beachten?

- Fragen Sie Ihre Kundin, wie sie bisher mit der Kontoführung zufrieden ist und ob noch Wünsche offen sind.

- Nehmen Sie Bezug auf das Telefonat. Wiederholen Sie die Wünsche der Kundin, und sagen Sie ihr, dass Sie sich auf diese Wünsche vorbereitet haben.

- Als Einstieg bietet sich auch ein kurzes Gespräch über die Geschäftslage der Unternehmensberatung an.

- Denken Sie beim Aufbau Ihrer Beratung daran, dass Frau Micklin Erfahrungen in der Anlage von Wertpapieren hat. Viele Fachbegriffe werden ihr geläufig sein. Führen Sie also ein sehr zielgerichtetes Gespräch.

- Wenn es Ihnen möglich ist, setzen Sie die aktuellen Kurse der Aktien ein. Eventuell liegt ein aktuelles Handelsblatt im Vorbereitungsraum aus.

- Der bisherige Aufbau des Depots war eher durch Sicherheit mit einem Schuss Risiko (Standardaktien) und Liquidität geprägt. Jetzt sucht Frau Micklin risikoreichere Anlagen. Machen Sie der Kundin diesen Schritt im Gespräch deutlich.

- Wie hat sich VW in der letzten Zeit wirklich entwickelt? Gehen Sie davon aus, dass der Kurs in Zukunft sinken könnte. Ist die aktuelle Entwicklung anders, berücksichtigen Sie das in Ihrer Beratung. Ideal wäre es, wenn Sie einen Chart dieses Wertes griffbereit hätten.

- Denken Sie an Anschlussgeschäfte. Sie werden die komplette Wertpapierberatung nicht zu Ende bringen können. Deshalb bieten Sie einen neuen Gesprächstermin an.

Welche fachlichen Inhalte können von Ihnen erwartet werden?

Beginnen Sie die Bedarfsermittlung mit einer offenen Frage über die Vorstellungen der Kundin. Notieren Sie sich diese Wünsche, und ergänzen Sie damit Ihre Informationen, die Sie sich nach dem Telefonat gemacht haben.

Füllen Sie mit Frau Micklin die Kundenangaben für Geschäfte in Finanzinstrumenten aus, denn das zukünftige Anlageverhalten verändert sich.

Die Anlage von Werten, die im TecDAX – er enthält die 30 größten Werte der Technologiebranche – einbezogen sind, ist spekulativer als die in DAX-Werten. Die hier gehandelten Unternehmen sind innovativ. Sie benötigen das Aktienkapital, um ihre Innovationen umzusetzen und auf dem Markt anzubieten.

Die Unternehmen im TecDAX sind kleiner als die, die im DAX gehandelt werden. Damit reagieren die Kurse empfindlicher auf größere Umsätze. Das erhöht den Hebel. Käufe führen zu stärkeren Kurserhöhungen, Verkäufe sorgen für überproportional sinkende Kurse.

Welche Werte Sie Frau Micklin empfehlen, hängt von der aktuellen Situation ab.

Raten Sie der Kundin aber nur zu einem kleineren Paket, denn sie ändert ja ihre Anlagestrategie. Sie sollte erst Erfahrungen sammeln, bevor sie stärker in TecDAX-Werte investiert.

Die nötigen Gelder für den Einstieg könnte die Kundin aus dem Sparkonto nehmen. Möglich ist natürlich auch der Verkauf von IHS oder Aktien.

Frau Micklin will zusätzlich ihre Aktienwerte, insbesondere VW, gegen Kurssenkungen absichern. Das setzt voraus, dass aktuell mit einer solchen Entwicklung gerechnet werden muss/kann. Liegen Ihnen andere Informationen vor, sollten Sie die Kundin in diese Richtung nicht beraten. Eventuell bieten Sie ihr einen long call an, denn hier würde sie bei steigenden Kursen ihrer Wertpapiere Kursgewinne erzielen, ohne die Aktien zu verkaufen.

TecDAX und Aktienoptionen

Gehen wir aber von vorübergehend sinkenden Kursen aus. Dann können Sie der Kundin einen long put anbieten. Hier erwirbt die Kundin das Recht, ihre Aktien zum vereinbarten Preis zu verkaufen. Dafür zahlt sie eine Prämie, den Optionspreis. Erfüllen sich die Erwartungen, kann sie entweder die Aktien zum vereinbarten Preis oder besser das Recht verkaufen. Verkauft sie das Recht, so wird der Kursgewinn den Kursverlust des Aktienbestandes z. B. ausgleichen. Da aber von nur vorübergehend sinkenden Kursen ausgegangen wird, macht die Kundin im Endeffekt auf jeden Fall einen Gewinn.

Sie können der Kundin natürlich auch von dem Geschäft abraten, wenn Ihnen Informationen vorliegen, die von einer langfristigen Kurssenkung bei z. B. VW ausgehen. Dann empfehlen Sie den Verkauf dieser Aktien. Das freie Kapital kann z. B. für TecDAX-Werte eingesetzt werden.

Entscheidet sich die Kundin für einen long put, werden Sie für den Zeitraum des Geschäfts die entsprechenden Wertpapiere im Depot sperren, denn die Kundin muss dann eventuell in Wertpapieren erfüllen.

Dieses Beratungsgespräch verlangt neben der Bearbeitung des Wertpapierberatungsbogens auch das Erstellen eines Beratungsprotokolls. Dadurch würde aber viel Zeit für die eigentliche Beratung verloren gehen. Sprechen Sie deshalb vorweg das Thema an.

Das Freistellungsvolumen von 801,00 EUR wird durch die Erträge aus Kapitalvermögen überschritten. Bieten Sie deshalb Frau Micklin eine zusätzliche Beratung an, bei der das Anlageverhalten unter steuerlichen Aspekten beleuchtet wird. Vereinbaren Sie, wenn möglich, den neuen Termin.

Als Anschlussgeschäft können Sie Frau Micklin eine bessere Anlage des Sparvermögens oder die Eröffnung eines Firmenkontos anbieten.

2. Nutzung von Bezugsrechten

Situation

Sie haben Monika Micklin darüber informiert, dass die VW AG eine Kapitalerhöhung durchführt.

In der letzten Beratung hatten Sie mit Frau Micklin einen Termin vereinbart, um die steuerlichen Aspekte ihrer Anlage zu besprechen. Die jetzige Beratung musste kurzfristig eingeschoben werden.

Die wichtigsten Daten der Kapitalerhöhung sind:

- Bezugsverhältnis 11 : 1
- Bezugspreis pro Aktie = 155,00 EUR
- Kurs der alten Aktien = 179,60 EUR
- Bezugsfrist 28. März – 8. April dieses Jahres
- Die Aktien sind voll dividendenberechtigt
- Bezugsrechtshandel 28. März – 6. April dieses Jahres

Informieren Sie Frau Micklin über die Kapitalerhöhung und schlagen Sie ihr Vorgehensweisen vor.

Persönliche Angaben: Monika Micklin	
Monika Micklin	35 Jahre alt
	Unternehmerin
	ledig
	keine Kinder
	Fitnessfreak

Nutzung von Bezugsrechten

Kontospiegel: Monika Micklin

Kto.-Nr.	Kontoart	Kontostand	Zins	Sonstiges
				Freistellungsauftrag: 801,00 EUR
210 675 324	Girokonto	S 500,00 EUR	S 11,5 %	MaestroCards
450 342 687	Sparkonto	H 20.000,00 EUR	H 0,25 %	Standardkündigung
820 684 928	Aktiendepot	150 Allianz Kaufkurs 103,00 EUR 15.450,00 EUR 100 Bayer Kaufkurs 73,00 EUR 7.300,00 EUR 500 Daimler Kaufkurs 43,10 EUR 21.550,00 EUR 500 Deutsche Bank Kaufkurs 36,00 EUR 18.000,00 EUR 200 VW Kaufkurs 180,90 EUR 36.180,00 EUR		
820 684 931	Aktiendepot TecDAX-Werte	50 Drägerwerk Kaufkurs 81,50 EUR 4.075,00 EUR 1000 Nordex Kaufkurs 3,90 EUR 3.900,00 EUR 1000 Jenoptik Kaufkurs 8,40 EUR 8.400,00 EUR		
820 783 245	Investmentfonds	1.230 Anteile Rentenfonds Mischirent (internationale Rentenwerte): Durchschnittlicher Ausgabepreis 27,60 EUR – 33.000,00 EUR		
820 654 328	IHS der AZUBI-Bank	50 IHS zu je 1.000,00 EUR Nennwert fällig in 23 Monaten 2,5 % Zins		

Lösungsvorschläge mit wichtigen verkäuferischen und prüfungstaktischen Tipps finden Sie unmittelbar im Anschluss an diese Aufgabe.

Nutzung von Bezugsrechten

> **Lösungsvorschläge**

Was sollten Sie beim Gespräch beachten?

- Nehmen Sie Bezug auf Ihre Einladung zum heutigen Gespräch. Fragen Sie Frau Micklin nach ihrem Unternehmen.

- Verschaffen Sie sich im Vorfeld einen aktuellen Überblick über die Depotwerte von Frau Micklin. Mit diesen Informationen lässt sich Ihre Beratung sehr gut starten.

- Das Thema Fitness bietet sich gleichfalls als Einstieg an. Vielleicht hat ein neues Fitness-Center eröffnet, oder Sie erfragen, welche Sportarten Frau Micklin vorzugsweise betreibt.

- Denken Sie beim Aufbau Ihrer Beratung daran, dass Frau Micklin Erfahrungen in der Anlage von Wertpapieren hat. Viele Fachbegriffe werden ihr geläufig sein. Führen Sie also ein zielgerichtetes Gespräch.

- Machen Sie sich eine Übersicht über den Ablauf der Bezugsfrist.

- Errechnen Sie den Wert des Bezugsrechts. Auf dieser Grundlage können Sie Frau Micklin verschiedene Vorschläge machen. Die Vorschläge sollten Sie schriftlich vorbereiten, so dass Sie dieses Blatt als Grundlage für Ihr Gespräch nehmen können.

- Denken Sie an Anschlussgeschäfte. Zum bisherigen Anlageverhalten von Frau Micklin würde die Anlage in Aktienfonds passen. Damit könnte man einen Teil der Gelder vom Sparkonto rentabler anlegen.

- Demnächst haben Sie mit Frau Micklin einen Gesprächstermin über steuerliche Aspekte ihrer Anlage. Diesen Termin haben Sie bei der letzten Beratung vereinbart. Zu diesem Zeitpunkt hatten Sie noch keine Informationen zu dem Bezugsrecht bei VW. Erinnern Sie Frau Micklin an das vereinbarte Gespräch.

Nutzung von Bezugsrechten

Welche fachlichen Inhalte können von Ihnen erwartet werden?

Fragen Sie Frau Micklin nach ihren Kenntnissen bei Kapitalerhöhungen. Stellen Sie Ihre Beratung auf dieses Wissen ab.

Grundlage für das Bezugsrecht ist eine Kapitalerhöhung. Der AG fließen also Gelder zu, die sie z. B. für Investitionen einsetzen wird. Mit der Kapitalerhöhung wird natürlich auch die Aktienanzahl erhöht. Eine höhere Zahl an Aktien bei gleichbleibender Nachfrage bedeutet ein Sinken der Kurse und damit Verluste für die Altaktionäre. Zum Ausgleich dieser Verluste erhalten sie das Bezugsrecht.

Ermittlung des rechnerischen Werts des Bezugsrechts	
11 alte Aktien zum Kurs von 179,00 EUR	1.975,60 EUR
+ 1 neue Aktie zum Bezugspreis von 155,00 EUR	155,00 EUR
= Wert der 12 Aktien	2.130,60 EUR
Durchschnittskurs der 12 Aktien (2.130,60 EUR : 12)	177,55 EUR
Wertverlust durch die Ausgabe der neuen Aktien (179,60–177,55 EUR)	2,05 EUR

Und dieser Wertverlust stellt den Wert des Bezugsrechts dar. Verkauft der Kunde also seine 11 Bezugsrechte, erhält er dafür 28,60 EUR. Genau um diesen Gesamtwert fällt rechnerisch der Kurs der alten Aktien.

Formel für den rechnerischen Wert des Bezugsrechts
Ka (Kurs der alten Aktie) – Kn (Kurs der neuen Aktie) + Dn (Dividendennachteil)
Bezugsverhältnis + 1

Nutzung von Bezugsrechten

Bezugsrechte werden gehandelt. Damit können sich natürlich andere Kurse bilden als der rechnerische Wert. Gehandelt wird in unserem Beispiel vom 28. März bis 6. April dieses Jahres. Bis zum 5. April können limitierte Aufträge abgegeben werden. Am 6. April werden alle Bezugsrechte bestens verkauft bzw. verfallen nicht genutzte Rechte. Die beiden letzten Tage der Bezugsfrist (7. und 8. April) werden dann zur Erfüllung der Geschäfte benötigt. Am 11. April werden die neuen Aktien erstmals gehandelt. Sind sie nur teilweise oder gar nicht dividendenberechtigt, erfolgt die Notierung als junge Aktien. Übrigens erkennt man an den alten Aktien den Beginn der Bezugsfrist am Zusatz ex B (28. März).

Welche Vorgehensweisen können Sie jetzt Frau Micklin vorschlagen? Sie hat 200 Aktien, also 200 Bezugsrechte, im Bestand.

- Sie kauft 9 Bezugsrechte dazu. Dann kann sie 19 Aktien beziehen. Abrechnung ohne Kosten und mit rechnerischem Bezugswert:

  (9 x 2,05 EUR + 19 x 155,00 EUR) = Kaufpreis 2.963,45 EUR

- Sie verkauft 2 Bezugsrechte und bezieht 18 Aktien. Abrechnung ohne Kosten:

  (18 x 155,00 EUR – 2 x 2,05 EUR) = Kaufpreis 2.785,90 EUR

- Sie verkauft alle 200 Bezugsrechte. Abrechnung ohne Kosten:

  200 x 2,05 EUR = Gutschrift 410,00 EUR

Lassen Sie die Kundin entscheiden und wickeln Sie das entsprechende Geschäft ab.

Auffällig am Kontospiegel der Kundin ist der hohe Betrag auf dem Sparkonto. Hier ist ein Ansatzpunkt für Anschlussgeschäfte. In das bisherige Anlageprofil würden auch Aktienfonds passen.

Denken Sie an den vereinbarten Gesprächstermin. Sagen Sie der Kundin, dass Sie sich auf diesen Termin freuen und schon erste Vorbereitungen getroffen haben. Damit merkt Frau Micklin, dass sie eine wichtige Kundin der Bank ist.

3. Steuern im Anlagebereich

Situation

Das heutige Gespräch mit der Kundin Monika Micklin ist ein Folgegespräch zu einer erst kürzlich geführten Wertpapierberatung. Damals entschied sich Frau Micklin für ca. 5.000,00 EUR Aktien aus dem TecDAX zu kaufen. Der Termin wurde vor 14 Tagen vereinbart.

Prüfen Sie das Anlageverhalten der Kundin unter steuerlichen Gesichtspunkten und machen Sie ihr eventuell Vorschläge zum Einsparen von Steuern.

Persönliche Angaben: Monika Micklin

Monika Micklin	35 Jahre alt
	Unternehmerin
	ledig
	keine Kinder
	Fitnessfreak

Steuern im Anlagebereich

Kontospiegel: Monika Micklin

KtoNr.	Kontoart	Kontostand	Zins	Sonstiges
				Freistellungsauftrag: 801,00 EUR
210 675 324	Girokonto	S 5.712,00 EUR	S 11,5 %	MaestroCards
450 342 687	Sparkonto	H 23.527,00 EUR	H 0,25 %	Standardkündigung
820 684 928	Aktiendepot	150 Allianz 100 Bayer 500 Daimler 500 Deutsche Bank 200 VW	Kaufkurs 103,00 EUR 15.450,00 EUR Kaufkurs 73,00 EUR 7.300,00 EUR Kaufkurs 43,10 EUR 21.550,00 EUR Kaufkurs 36,00 EUR 18.000,00 EUR Kaufkurs 180,90 EUR 36.180,00 EUR	
820 684 931	Aktiendepot TecDAX-Werte	50 Drägerwerk 1000 Nordex 1000 Jenoptik	Kaufkurs 81,50 EUR 4.075,00 EUR Kaufkurs 3,90 EUR 3.900,00 EUR Kaufkurs 8,40 EUR 8.400,00 EUR	
820 783 245	Investmentfonds	1.295 Anteile Rentenfonds Mischirent (internationale Rentenwerte): Durchschnittlicher Ausgabepreis 27,65 EUR – 33.000,00 EUR		
820 654 328	IHS der AZUBI-Bank	50 IHS zu je 1.000,00 EUR Nennwert fällig in 23 Monaten 2,5 % Zins		

Lösungsvorschläge mit wichtigen verkäuferischen und prüfungstaktischen Tipps finden Sie unmittelbar im Anschluss an diese Aufgabe.

Steuern im Anlagebereich

> **Lösungsvorschläge**

Was sollten Sie beim Gespräch beachten?

- Nehmen Sie Bezug auf das letzte Gespräch. Wie haben sich die TecDAX-Werte entwickelt? Liegen Ihnen die neuen Kurse vor, vergleichen Sie sie mit den Kursen im Depot. Interessant ist auch die letzte Dividende der einzelnen Werte. Liegen Ihnen keine Werte vor, gehen Sie von der allgemeinen Entwicklung am Markt aus.

- Wiederholen Sie ruhig noch einmal den Grund des heutigen Gesprächs, nämlich die steuerliche Durchleuchtung des Anlageverhaltens.

- Denken Sie daran, dass Frau Micklin Fachkenntnisse im Wertpapierbereich hat. Führen Sie also ein zielgerichtetes, fachlich fundiertes Gespräch.

- Bauen Sie das Gespräch vom Allgemeinen zum Speziellen auf. Stellen Sie also zuerst die steuerliche Behandlung der Einkünfte dar und machen Sie dann alternative Vorschläge. Notieren Sie sich die Steuerregelungen übersichtlich auf einem Blatt und setzen Sie dieses unterstützend im Beratungsgespräch ein.

- Spezielle Anschlussgeschäfte bieten sich in diesem Gespräch nicht an, denn Ihre alternativen Vorschläge stellen ja neue Angebote dar.

Welche fachlichen Inhalte können von Ihnen erwartet werden?

Besprechen Sie zu Beginn die steuerlichen Grundvoraussetzungen, die die Kundin im Speziellen betreffen.

Frau Micklin hat bei den Einkünften aus Kapitalvermögen ein Freistellungsvolumen von 801,00 EUR.

Steuern im Anlagebereich

- Von Zins-, Dividendenerträgen und Kursgewinnen werden generell 25 % Abgeltungsteuer und daraus 5,5 % Solidaritätszuschlag abgezogen. Sollte Frau Micklin der Bank auch ihre Konfession mitgeteilt haben, zieht die Bank auch den Kirchensteueranteil (8 oder 9 %) ab. Dann beträgt der Abgeltungsteuersatz 24,51 % (8 % Kirchensteuer) bzw. 24,45 % (9 % Kirchensteuer).

- Mit dem Abzug der Abgeltungsteuer ist die steuerliche Behandlung der Erträge erledigt. Eine nachträgliche Besteuerung mit dem persönlichen Steuersatz entfällt.

- Bei Zins- und Dividendenerträgen gilt generell das Zuflussprinzip.

- Bei Kursgewinnen ist eventuell das Kaufdatum für die Besteuerung ausschlaggebend. Wurden die Wertpapiere vor dem 1. Januar 2009 gekauft, gelten die alten Regelungen. In diesem Fall sind Kursgewinne steuerfrei.

Wie kann man jetzt aber Steuern sparen?

Steuerbegünstigte Anlageformen sind Immobilienfonds. Offene Immobilienfonds weisen beträchtliche Teile ihres Gewinns als steuerfreie Gewinne aus (z. B. aus dem An- und Verkauf von Immobilien). Gewinne aus geschlossenen Immobilienfonds gehören zu den Einkünften aus Vermietung und Verpachtung. Verluste aus dieser Einkunftsart, entstanden z. B. aus Abschreibungen und Zinsaufwendungen, können bei anderen Einkünften bis zu bestimmten Grenzen abgesetzt werden.

Auch Kapitallebensversicherungen sind steuerlich interessant. Die Erträge werden nur zur Hälfte besteuert, wenn die Laufzeit des Vertrags mindestens zwölf Jahre beträgt und die Auszahlung nach Vollendung des 60. Lebensjahres erfolgt.

Interessant ist für Frau Micklin auch die Anlage als „Rürup-Rente". Hierdurch sichert sie sich ihr Rentenniveau ab, die Rentenleistungen sind steuerlich als Altersvorsorgeaufwendungen absetzbar und werden nachgelagert, also im Rentenalter, versteuert.

Bieten Sie Frau Micklin z. B. die Anlage in einem offenen oder geschlossenen Immobilienfonds an. Achten Sie dabei auf die „gute" Lage der Objekte in dem Fonds.

Steuern im Anlagebereich

Das nötige Kapital kann aus der Teilauflösung des Sparvermögens (z. B. 10.000,00 EUR) oder dem Verkauf von IHS gewonnen werden. Vielleicht hat Ihre Kundin noch fälliges Vermögen bei einer anderen Bank oder zumindest abrufbares Geld. Trauen Sie sich zu fragen, wenn sie Ihnen nicht schon beim Abklopfen des Freistellungsauftrags alle Informationen gegeben hat.

Frau Micklin hat von Ihnen sehr viele Informationen erhalten. Geben Sie ihr eine Aufstellung mit, die Sie im Laufe des Gesprächs erstellt haben und dazu Prospekte über die angesprochenen Anlageformen. Vielleicht will Frau Micklin die Entscheidung noch einmal durchdenken. Dann helfen ihr die Unterlagen. Drängen Sie die Kundin nicht zu einer Entscheidung. Bieten Sie ihr, wenn nötig, einen neuen Gesprächstermin an.

Erklären Sie sich bereit, für Fragen jederzeit auch telefonisch zur Verfügung zu stehen.

Dieses Beratungsgespräch verlangt neben der Bearbeitung des Wertpapierberatungsbogens auch das Erstellen eines Beratungsprotokolls. Dadurch würde aber viel Zeit für die eigentliche Beratung verloren gehen. Sprechen Sie deshalb vorweg das Thema an.

Im Zusammenhang mit Aktienfonds, Kapitallebensversicherung und Rürup-Rente bietet sich ein neues Gespräch über eine effektive Altersvorsorge an. Vereinbaren Sie mit Frau Micklin ein solches Gespräch.

Verabschieden Sie sich von Ihrer Kundin. Bedanken Sie sich für das Gespräch und bieten Sie ihr jederzeit Ihre Hilfe als ihr persönlicher Anlageberater an. Vielleicht ist noch zeitlich Platz, das Gespräch mit einem kleinen Smalltalk, z. B. über die Unternehmensberatung der Kundin, zu beenden.

4. Private Altersvorsorge

Situation

Frau Monika Micklin war vor einiger Zeit bei Ihnen und hat ihre Kontoverbindung zur AZUBI-Bank verlegt. Inzwischen haben Sie schon zwei intensive Beratungsgespräche im Wertpapierbereich mit Frau Micklin geführt.

Bei einem der letzten Gespräche hatte sie bereits angedeutet, dass Sie sich Gedanken über ihre private Altersvorsorge macht, denn als Selbstständige hat sie keine weitere Absicherung.

Sie haben mit ihr einen neuen Gesprächstermin für heute vereinbart und ihr versprochen, sich Gedanken wegen ihrer Altersvorsorge zu machen.

Beraten Sie Frau Micklin über die Möglichkeiten einer privaten Altersvorsorge. Gehen Sie auf ihre Wünsche ein, unterbreiten Sie ihr ein individuelles Angebot. Denken Sie auch an Cross-Selling-Möglichkeiten.

Persönliche Angaben: Monika Micklin	
Monika Micklin	36 Jahre alt
	Unternehmerin
	ledig
	keine Kinder
	Fitnessfreak

Private Altersvorsorge

Kontospiegel: Monika Micklin

Kto.-Nr.	Kontoart	Kontostand	Zins	Sonstiges
				Freistellungsauftrag: 801,00 EUR
210 675 324	Girokonto	S 2.315,00 EUR	S 11,5 %	MaestroCards
450 342 687	Sparkonto	H 13.638,00 EUR	H 0,25 %	Standardkündigung
820 684 928	Aktiendepot	150 Allianz 100 Bayer 500 Daimler 500 Deutsche Bank 200 VW	Kaufkurs 103,00 EUR 15.450,00 EUR Kaufkurs 73,00 EUR 7.300,00 EUR Kaufkurs 43,10 EUR 21.550,00 EUR Kaufkurs 36,00 EUR 18.000,00 EUR Kaufkurs 180,90 EUR 36.180,00 EUR	
820 684 931	Aktiendepot TecDAX-Werte	50 Drägerwerk 1000 Nordex 1000 Jenoptik	Kaufkurs 81,50 EUR 4.075,00 EUR Kaufkurs 3,90 EUR 3.900,00 EUR Kaufkurs 8,40 EUR 8.400,00 EUR	
820 783 245	Investmentfonds	1.325 Anteile Rentenfonds Mischirent (internationale Rentenwerte): Durchschnittlicher Ausgabepreis 27,40 EUR – 33.000,00 EUR		
820 654 328	IHS der AZUBI-Bank	50 IHS zu je 1.000,00 EUR Nennwert fällig in 20 Monaten 2,5 % Zins		
820 754 435	Geschlossener Immobilienfonds „Sonnenpark"	1 Anteil im Wert von 15.000,00 EUR		

Private Altersvorsorge

> **Lösungsvorschläge**

Was sollten Sie beim Gespräch beachten?

- Nutzen Sie diesen Termin auch, um Frau Micklin zu fragen, wie sie mit dem Service und der Beratung der AZUBI-Bank zufrieden ist, nachdem sie erst vor kurzem ihre gesamte Kontoverbindung zu Ihnen verlegt hat.
- Wie stehen die Wertpapiere von Frau Micklin? Vielleicht haben Sie gute Informationen. Das wäre ein gelungener Start in das Gespräch.
- Fragen Sie Ihre Kundin auch, was ihr Geschäft macht. Ein Jungunternehmen kostet bestimmt viel Zeit und Kraft.
- Gehen Sie auf die Terminvereinbarung ein. Fragen Sie auch, ob Sie sie bei einem interessanten Angebot anrufen dürfen, da sie bestimmt wenig Zeit hat, bei Ihnen vorbeizukommen.
- Sie haben beim letzten Gespräch vereinbart, dass Sie sich heute über die Altersvorsorge unterhalten. Natürlich haben Sie sich auf dieses Gespräch vorbereitet. Halten Sie Prospekte bereit, wählen Sie schon Anlageformen aus, die der Mentalität der Kundin entsprechen und machen Sie eventuell die eine oder andere Modellberechnung.
- Als Cross-Selling-Gedanke bietet sich an, Frau Micklin auf Homebanking oder Internetbanking anzusprechen.

Welche fachlichen Inhalte können von Ihnen erwartet werden?

Fragen Sie Frau Micklin, welche Wünsche sie konkret an ihre private Altersvorsorge hat. Nachdem sie mit diesem Anliegen an Sie herangetreten ist, hat sie sich bestimmt schon Gedanken zur Umsetzung ihrer Wünsche gemacht.

Berücksichtigen Sie bei Ihrer Beratung die Depotstruktur der Kundin.

Private Altersvorsorge

Für Frau Micklin gibt es verschiedene Möglichkeiten zur Absicherung:

- Kapitallebensversicherung
  - monatliche Sparbeiträge (eventuell dynamische Beiträge)
  - festgesetzte Laufzeit
  - Halbeinkünfteverfahren bei Erträgen, wenn Laufzeit von mindestens zwölf Jahren und Auszahlung nach dem 62. Lebensjahr
  - Risikolebensversicherung bei vorzeitigem Tod
  - gesicherter Auszahlungsbetrag einschließlich Überschussbeteiligung
  - Auszahlung in einem Betrag oder als Rente
  - garantierte Mindestverzinsung, zurzeit 1,75 %

Überlegen Sie, welcher Tarif auf Ihre Kundin am besten zutrifft, und fragen Sie, welchen Betrag sie monatlich sparen möchte.

> **Praxis-Tipp:**
> Erstellen Sie eine Modellberechnung, die Frau Micklin zeigt, was sie ungefähr bei Endfälligkeit Ende zu erwarten hat.

- Monatliche Ansparung auf einen Investmentfonds

Frau Micklin hat hier die Möglichkeit, auf lange Zeit die Entwicklungen an der Börse mitzuerleben und langfristig gute Gewinne zu erzielen.

Investmentfonds sind auch zur Absicherung des Alters besser als Aktien geeignet, da die Fonds den Schwankungen des Marktes nicht so stark ausgesetzt sind.

Eine Erklärung des Fonds an sich ist nicht nötig, denn Frau Micklin hat ja bereits Rentenfonds in ihrem Depot.

Stellen Sie ihr einen geeigneten Fonds Ihrer Bank vor. Wahrscheinlich ist es ein gemischter Fonds (Aktien, festverzinsliche Wertpapiere und Immobilien). Typisch ist auch, dass eine Umschichtung nach bestimmten Altersstufen stattfinden kann.

Private Altersvorsorge

Beispiel:

- Altersvorsorgefonds 30 = 70 % Aktien, 20 % festverzinsliche Wertpapiere und 10 % Immobilien
- Altersvorsorgefonds 40 = 60 % Aktien, 25 % festverzinsliche Wertpapiere und 15 % Immobilien
- Altersvorsorgefonds 50 = 50 % Aktien, 30 % festverzinsliche Wertpapiere und 20 % Immobilien

Je nach Alter des Kunden wird also die Anlage immer sicherer.

Dieser Fonds ist thesaurierend, d. h. die Erträge werden nicht ausgeschüttet, sondern zur Wiederanlage verwendet. Er kann auch mit einer Risikolebensversicherung verbunden werden.

Die Auszahlung erfolgt in Renten (mit oder ohne Kapitalverzehr). Eine Auszahlung in einem Betrag ist ebenfalls möglich.

Informationsbedarf hat Frau Micklin wahrscheinlich nur bei offenen Immobilienfonds (Immobilienanteil im Altersvorsorgefonds). Erklären Sie ihr diese Fondsart.

Wichtige Punkte sind:

- Der Fonds kauft Grundstücke und Gebäude ohne Limitierung.
- Die entsprechende Einkunftsart sind Einkünfte aus Kapitalvermögen.

Natürlich können Sie der Kundin auch jeden anderen Fonds Ihrer Bank anbieten. Damit ist auch eine Aufstockung des Rentenfonds Mischirent geeignet. Von diesem Fonds hat Frau Micklin zurzeit schon 1.325 Anteile im Depot. Geeignet sind auch Dachfonds, die vor allem im Rahmen der Riester-Rente angeboten werden.

Klären Sie ab, ob ein Rentaplan mit einem späteren Auszahlplan eine Möglichkeit für Ihre Kundin ist.

Nicht vergessen sollten Sie die kapitalgedeckte Leibrentenversicherung (Rürup-Rente). Sie stellt das private Abbild zur gesetzlichen Rente dar.

Private Altersvorsorge

Die folgenden Voraussetzungen müssen bei der Rürup-Rente eingehalten werden:

- Es muss eine auf das Leben bezogene lebenslange Rente (Leibrente) vereinbart werden.
- Die Rentenzahlungen müssen monatlich erfolgen und dürfen nicht vor dem 62. Lebensjahr beginnen.
- Die Ansprüche aus dem Vertrag dürfen nicht vererblich, übertragbar, beleihbar, veräußerbar und nicht kapitalisierbar sein.
- Die Rente endet ohne jede Kapitalzahlung bei Tod des Versicherten.

Vorteil der Rürup-Rente ist, dass der Sparer wie bei der Basisrente eine Altersvorsorge mit staatlicher Förderung (Steuervorteile über Sonderausgaben) aufbauen kann.

> **Praxis-Tipp:**
>
> Ein Angebot zur „Riester-Rente" können Sie Frau Micklin nicht machen, denn Selbstständige mit privater Altersvorsorge gehören nicht zum begünstigten Personenkreis. Ohne staatliche Förderung können Sie ihr natürlich die Anlageformen (z. B. Fondssparplan) anbieten. Vielleicht können Sie der Kundin aber eine private Rentenversicherung anbieten.

Sie sehen, es gibt hier eine ganze Menge an Möglichkeiten für Ihre Kundin.

Dieses Beratungsgespräch verlangt neben der Bearbeitung des Wertpapierberatungsbogens auch das Erstellen eines Beratungsprotokolls. Dadurch würde aber viel Zeit für die eigentliche Beratung verloren gehen. Sprechen Sie deshalb vorweg das Thema an.

Wichtig: Unterbreiten Sie ihr allerdings nicht alle Möglichkeiten. Das wären zu viele Informationen für Monika Micklin. Beschränken Sie sich z. B. auf die Kapitallebensversicherung und einen Fonds. Hier ist es wichtig, dass Sie auf die Bedürfnisse Ihrer Kundin eingehen, ihr viele Fragen stellen und ihr dann ein ganz persönliches Angebot unterbreiten – je nachdem, welche Anlageform ihr besser gefällt.

Trauen Sie sich, Ihre Kundin zu ihrem Entschluss zu beglückwünschen, versichern Sie ihr, dass sie damit eine gute Absicherung für ihr Alter getroffen hat.

Wenn Frau Micklin noch etwas Zeit braucht, akzeptieren Sie dies. Klären Sie ab, ob sie noch Fragen hat. Informationsmaterial und eventuell Ihre Aufzeichnungen geben Sie der Kundin mit. Denken Sie daran, Frau Micklin trifft eine Entscheidung für das Leben. Bleiben Sie aber dran, vereinbaren Sie einen neuen Gesprächstermin. Fragen Sie Frau Micklin, wann Sie denkt, eine Entscheidung getroffen zu haben.

Entscheiden Sie am Ende selbst, ob Sie Ihre Kundin auf eine weitere Anlage ansprechen wollen oder ob Sie sich mit einem kleinen Smalltalk verabschieden.

5. Kreditkarte

Situation

Frau Monika Micklin, Ihre sportliche und erfolgreiche Kundin, ist mit ihrer Unternehmensberatung mittlerweile viel unterwegs. Das Geschäft läuft gut. Das haben Sie im Laufe der Gespräche mit Ihrer Kundin erfahren.

Beim letzten Gespräch über die private Altersvorsorge hat Frau Micklin Ihnen erzählt, dass es sie mittlerweile nervt, unterwegs immer so viel Bargeld mitzunehmen, da sie nie so genau weiß, wie viel sie braucht. Sie haben angedeutet, dass Sie eine gute Idee haben, die ihr den Aufenthalt und die Abrechnung zu Hause erleichtert.

Frau Micklin hatte damals allerdings keine Zeit mehr und wollte sich zu einem anderen Zeitpunkt bei Ihnen melden, da sie jetzt erst einmal eine Woche Kurzurlaub auf den Kanaren gebucht hat.

Heute steht sie unangemeldet bei Ihnen am Schalter und möchte Näheres über Ihre Idee wissen.

Kreditkarte

Persönliche Angaben: Monika Micklin	
Monika Micklin	36 Jahre alt Unternehmerin ledig keine Kinder Fitnessfreak

Kontospiegel: Monika Micklin

Kto.-Nr.	Kontoart	Kontostand	Zins	Sonstiges
				Freistellungsauftrag: 801,00 EUR
210 675 324	Girokonto	S 1.312,00 EUR	S 11,5 %	MaestroCards
450 342 687	Sparkonto	H 15.728,00 EUR	H 0,25 %	Standardkündigung
820 684 928	Aktiendepot	150 Allianz 100 Bayer 500 Daimler 500 Deutsche Bank 200 VW	Kaufkurs 103,00 EUR 15.450,00 EUR Kaufkurs 73,00 EUR 7.300,00 EUR Kaufkurs 43,10 EUR 21.550,00 EUR Kaufkurs 36,00 EUR 18.000,00 EUR Kaufkurs 180,90 EUR 36.180,00 EUR	
820 684 931	Aktiendepot TecDAX-Werte	50 Drägerwerk 1000 Nordex 1000 Jenoptik	Kaufkurs 81,50 EUR 4.075,00 EUR Kaufkurs 3,90 EUR 3.900,00 EUR Kaufkurs 8,40 EUR 8.400,00 EUR	
820 783 245	Investmentfonds	1.380 Anteile Rentenfonds Mischirent (internationale Rentenwerte): Durchschnittlicher Ausgabepreis 27,50 EUR – 33.000,00 EUR		
820 654 328	IHS der AZUBI-Bank	50 IHS zu je 1.000,00 EUR Nennwert fällig in 18 Monaten 2,5 % Zins		
820 754 435	Geschlossener Immobilienfonds „Sonnenpark"	1 Anteil im Wert von 15.000,00 EUR		
LV12546-859	Lebensversicherung	Auszahlung mit 62 Jahren, 300,00 EUR monatliche Rate mit Dynamik (5 %)		

Kreditkarte

Lösungsvorschläge

Was sollten Sie beim Gespräch beachten?

- Freuen Sie sich, dass Frau Micklin sich noch an Ihre Idee erinnert und auf Sie zukommt.

- Fragen Sie sie nach ihrem Erholungsurlaub, wie das Wetter war, wo sie genau war, was es alles zu sehen gab. Sicher sieht Frau Micklin sehr erholt aus.

- Gehen Sie noch einmal kurz auf den letzten Termin (private Altersvorsorge) ein und fragen Sie Ihre Kundin, ob noch Fragen offen sind. Bieten Sie ihr an, jederzeit für ihre Fragen da zu sein. Nutzen Sie eventuell auch die neuen Medien (E-Mail, SMS) – zeigen Sie Frau Micklin, dass Sie auch am Puls der Zeit bleiben.

- Leiten Sie zu Ihrem Beratungsgespräch über, indem Sie auf die vielen Reisen und Übernachtungen von Frau Micklin eingehen.

- Nutzen Sie die Prospekte Ihrer Bank beziehungsweise machen Sie sich eigene Aufzeichnungen.

- Als Cross-Selling-Möglichkeit bietet sich bei dieser Kundin an, über ihre Aktienwerte zu sprechen. Wenn Frau Micklin Geld zum Anlegen hat oder etwas umschichten möchte, kommt sie sicherlich auf Sie zu. Sie müssen bei einer lukrativen Kundin wie Frau Micklin am Ball bleiben, denn sie ist sicherlich heiß begehrt bei den Mitbewerbern.

Welche fachlichen Inhalte können von Ihnen erwartet werden?

Klären Sie mit Frau Micklin ab, was genau sie unterwegs benötigt, wie sie sich den Zahlungsverkehr besser vorstellen kann und wo sie sich überwiegend aufhält.

Nutzen Sie für die Beratung die Prospekte der Bank und Ihre eigenen Aufzeichnungen. Hat Ihre Ausbildungsbank ein Kontomodell, das die Kreditkarten beinhaltet, sollten Sie diese Option anbieten.

Kreditkarte

Zeigen Sie Frau Micklin die Nutzungsmöglichkeiten der Kreditkarte auf. Erklären Sie Ihrer Kundin die Kreditkarten Ihrer Ausbildungsbank. Stellen Sie ihr die Normal- und die Goldkarte (evtl. Premiumkarte) vor. Erarbeiten Sie übersichtlich die Unterschiede und gehen Sie dabei auf die unterschiedlichen Versicherungsleistungen und Gebühren ein. Sie müssen dabei die Bedürfnisse der Kundin berücksichtigen.

Nennen Sie Frau Micklin die Vorteile einer Kreditkarte (übersichtliche Aufstellung der Buchungen, monatliche nachträgliche Abbuchung, Zahlen mit dem guten Namen und der Unterschrift). Sagen Sie ihr auch, dass sie die Möglichkeit hat, Bargeld abzuheben, was aber teuer ist. Hier sollten Sie die Konditionen Ihrer Bank griffbereit haben.

Denken Sie auch daran, ihr ein Kreditkartendoppel anzubieten (z. B. MasterCard und VISA-Card). Damit ist eine weltweit sehr hohe Akzeptanz gesichert.

Erklären Sie Frau Micklin, dass sie bei Verlust oder Diebstahl unverzüglich die AZUBI-Bank oder eine Repräsentanz der entsprechenden Kreditkarte benachrichtigen muss. Vor der Verlustanzeige haftet die Kundin bis maximal 50,00 EUR pro Karte. Nach der Anzeige haftet sie nicht. Frau Micklin sollte aber nach neueren Urteilen unbedingt beachten, dass sie die Karte sorgfältig aufbewahrt und einen Verlust unverzüglich anzeigt.

Falls sich Ihre Kundin für die Kreditkarte(n) in der Gold-Version entscheidet, überprüfen Sie mit ihr, welche Versicherungen sie dann kündigen kann. Es bietet sich eventuell an, ihre Absicherung für die Wohnung und ihr Büro zu prüfen.

Fragen Sie Frau Micklin, ob sie eine Geheimnummer wie bei der MaestroCard möchte. Die Regelungen für Aufbewahrung und Haftung sind die der MaestroCard. Erklären Sie ihr das weitere Vorgehen, bis sie die Karte benutzen kann. Sagen Sie ihr, was die Karte kostet, wie lange sie gültig ist und wie sie zu einer neuen Karte kommt.

Füllen Sie den Kartenantrag zusammen mit Ihrer Kundin aus und erzählen Sie ihr von eigenen Erfahrungen mit der Kreditkarte. Sprechen Sie auch das Kartenlimit an.

Geben Sie Ihrer Kundin ein Heftchen mit, in dem die Versicherungen erklärt sowie Haftungsgrund und -umfang beschrieben sind. Ein Kärtchen mit den wichtigsten Nummern für den Notfall (Diebstahl, Verlust) ist für Ihre Kundin sehr hilfreich.

Zum Abschied können Sie Frau Micklin viel Spaß mit ihrer neuen Karte wünschen und ihr versichern, dass sie diesen Entschluss nicht bereuen wird.

Sagen Sie ihr, dass Sie sich auf das nächste Gespräch freuen, und wünschen Sie ihr weiterhin viel Erfolg für ihr Unternehmen. Finden Sie auch ein paar persönliche Worte für Ihre Kundin, das tut sicherlich gut, wenn die Kundin im Beruf so eingebunden ist.

Fragen Sie sie zum Abschluss, ob Sie für sie noch Werte nachsehen oder ihr noch Informationen zu bestimmten Werten mitgeben sollen.

Viel Erfolg!

Wenn Sie hier angekommen sind, dann sind Sie sicher gut auf die Prüfung vorbereitet. Wahrscheinlich steigt Ihre Pulsfrequenz trotzdem langsam an, denn der Prüfungstermin ist nicht mehr weit entfernt.

Hier die letzten Tipps: Lesen Sie noch einmal die Ausführungen zur Organisation und zum Ablauf der Prüfung. Sorgen Sie dafür, dass Sie den Prüfungstag ausgeschlafen beginnen. Machen Sie sich bankmäßig hübsch. Lassen Sie Ihr Gesicht vor Freundlichkeit erstrahlen. Zum Auftakt noch ein kräftiger (feuchter) Händedruck und das Beratungsgespräch kann beginnen. Wir wünschen gutes Gelingen!

Andrea Schubert und Heinz Rotermund

Abkürzungen

AG	Aktiengesellschaft
AGB	Allgemeine Geschäftsbedingungen
BASEL	Betrag, Anlagedauer, Sicherheit, Ertrag, Liquidität
BGA	Betriebs- und Geschäftsausstattung
BV	Bausparvertrag
DAX	Deutscher Aktienindex
EK	Eigenkapital
ELV	Elektronisches Lastschriftverfahren
EUREX	European Exchange
FK	Fremdkapital
FSA	Freistellungsauftrag
GAA	Geldausgabeautomat
G+V	Gewinn- und Verlustrechnung
GmbH	Gesellschaft mit beschränkter Haftung
IHS	Inhaberschuldverschreibung
KfW	Kreditanstalt für Wiederaufbau
Kto.	Konto
Lfd. Nr.	Laufende Nummer
PIN	Persönliche Identifikationsnummer
POS	Point of Sale-System
SEPA	Single Euro Payments Area
SWIFT	Society for Worldwide Interbank Financial Telecommunication
TecDax	Aktienindex der 30 größten Werte der Technologiebranche im Prime Standard
USD	US-Dollar
VL	Vermögenswirksame Leistung
VZ	Vorschusszins
WoPG	Wohnungsbauprämiengesetz

Stichwortverzeichnis

Abbuchungsauftrag 125
Abgeltungsteuer 49, 74, 78, 146, 177
Abzahlungsdarlehen 94, 130
Aktie 70
Aktienfonds 73
Aktienregister 79
Altersvorsorge, private 179
Anlagestrategie 167
Annuitätendarlehen 95, 130
Arbeitnehmer-Sparzulage 104
Auflassungsvormerkung 161

Bargeld 28
Baufinanzierung 147, 154
Bausparen 104, 114
Bausparvertrag 36
Bautarif 114
Beerdigungskosten 64
Beleihungswert 158
Beobachtungshilfe 13
Beratungsgespräch 19
Beratungsprotokoll 22
Betreuerausweis 52
Betreuung 50
Bewertungshilfe 13
Bürgschaft 92, 131

Darlehen 92, 94
Depotführung 74
Devisenterminkauf 134
Dividende 78
Dokumentenakkreditiv 135
Dokumenteninkasso 134

Einzugsermächtigung 90, 124
Erbfolge, gesetzliche 58

Erbschaft 55
Erbschaftsteuer 64
Erbschein 62

Fachkompetenz 12
Fondsmanager 73
Fondssparen 104
Förderung, staatliche 101
Freibetrag 58

Gemeinschaftskonto 119
Genussschein 48
Gesprächskompetenz 12
Girogo 110
GmbH, Kontoeröffnung 122
Grundbuch 156
Grundschuld 160

Handelsregisterauszug 122
Hauptversammlung, AG 75
Heiratsurkunde 68
Hilfsmittel 15
Homebanking 110
Hypothekenpfandbrief 48

Immobilienfonds 145
Inhaberschuldverschreibung 48
Internetbanking 181
Investmentfonds 37, 142, 182
Investmentsparen 36

Kapitalerhöhung 172
Kapitallebensversicherung 37, 182
Kirchensteuer 74, 146
Kontokorrentkredit 125, 129
Kreditkarte 27, 140
Kundenkarte 100

Stichwortverzeichnis

Kursschwankung 48
Kurssenkung 167
Kursverlust 168

Lastschrift 90
Leistung, vermögenswirksame 103

MaestroCard 27, 109, 140
Mietkautionskonto 116
Minderjährige
– Girokonto 98
– Kontoeröffnung 33

Nachlasskonto 62

Oder-Konto 69
Optionspreis 168

PIN 108
Prämiensparer 36
Provision 136

Reisescheck 28
Reisezahlungsmittel 24
Rentenfonds 73
Riester-Rente 80
Risikomischung 145
Rürup-Rente 177, 184

Schenkung 55
SEPA-Lastschrift 91, 125
Sicherungszweck 96
Solidaritätszuschlag 74, 78, 146, 177
Sparbrief 37, 48
Sparbuch 36
Spardauerauftrag 36
Spartarif 114

Spekulationsgewinn 177
Steuerfreibetrag 58
Stimmrecht 78
Stimmrechtskarte 78
Stimmrechtsvollmacht 79

Tarifwahl 114
TecDAX 164
Todesfall 62

Und-Konto 69
Unterschriftsprobe 90

Verbraucherkredit 22
Verein, Kontoeröffnung 88
Vereinsregisterauszug 88
Verfügungsberechtigung 58
Vermögensbildungsgesetz 105
Versorgungsfreibetrag 58
Vertrag zugunsten Dritter 36, 43
Vertreter, gesetzlicher 32, 43
Vollkaskoversicherung 131
Vorbereitungszeit 17
Vorsorge 179

Wahltarif 114
Wertpapier, festverzinsliches 37, 45
Wertpapierfonds 145
Wertpapierhandelsgesetz 73
Wohn-Riester-Förderung 120
Wohnungsbauprämie 36
Wohnungsbauprämiengesetz 105

Zahlungsdiensterahmenvertrag 22, 90, 123, 140